UN ESTUDIO BÍBLICO DEL

ESTILO DE VIDA DEL REINO

I0887202

ENTRE *LO SAGRADO* Y LO SECULAR

UN ESTUDIO BÍBLICO DEL ESTILO DE VIDA DEL REINO

Scott D. Allen

EDITORIAL JUCUM

P.O. BOX 1138 TYLER, TX 75710-1138

Editorial JUCUM forma parte de Juventud Con Una Misión, una organización de carácter internacional.

Si desea un catálogo gratuito de nuestros libros y otros productos, solicítelos por escrito o por teléfono a:

Editorial JUCUM
P.O. Box 1138, Tyler, TX 75710-1138 U.S.A.
Correo electrónico: info@editorialjucum.com
Teléfono: (903) 882-4725
www.editorialjucum.com

Entre lo sagrado y lo secular: Llamada a una vida y un ministerio integrados

Versión española: Antonio Perez
Edición: Miguel Peñaloza
Publicado por Editorial JUCUM
P.O. Box 1138, Tyler, TX 75710-1138 U.S.A.

Publicado originalmente en ingles con el título de:
Beyond the Sacred-Secular Divide: A Call to Wholistic Life and Ministry

Publicado por YWAM Publishing
P.O. Box 55787, Seattle, WA 98155-0787 U.S.A.

ISBN 978-1-57658-740-9

Tercera edición 2021

Impreso en Colombia por www.nomos.co

Un estudio bíblico del estilo de vida del Reino

El reino inconmovible de Dios
La cosmovisión del reino de Dios
El plan singular de Dios para las naciones
Entre lo sagrado y lo secular

Reconocimientos

Este proyecto ha sido verdaderamente un esfuerzo en equipo. Muchas gracias a Randy Hoag, ex Presidente de Fundación Contra el Hambre Internacional y fundador de Vision for a Community Fellowship, por su inspiración en el desarrollo de esta serie y su estímulo para llevarla a cabo. Nuestra más profunda gratitud a Judith Couchman y Sarah Gammill por su experiencia editorial y su ayuda en la corrección de textos. Varias personas más han contribuido con su valiosa intuición a dar forma al contenido de estas lecciones. Entre ellas, nuestros amigos y compañeros Karla Tesch, Shirley Gowdy, Raaj Mondol, Buck Deines, Nathan Sandahl, Cleiton y Eli Oliveira, Bob Hedlund, y muchos otros colaboradores de Harvest y Fundacion Contra el Hambre que nos han enseñado, inspirado y animado a través de los años. Por último, damos las gracias de una manera especial a Tom Bragg, Warren Walsh, Ryan Davis, y a todo el equipo de la Editorial JUCUM por creer e invertir en este proyecto. Ha sido un gran honor colaborar con un grupo tan maravilloso de hermanos y hermanas comprometidos con Cristo. *¡Coram Deo!*

Índice

Prefacio

¡Saludos de un compañero peregrino! Me agrada sobremanera que usted comience este estudio bíblico. Mi pasión consiste en ver crecer a las personas en su relación con el Rey Jesús y que prosperen en su reino. Mi plegaria es que este libro y el proceso de aprendizaje que conlleva sean de gran bendición para usted.

El estilo de vida del Reino es una serie basada en la analogía de un árbol. La Biblia recurre a menudo a la figura de un árbol para ilustrar la vida cristiana sana «Mi Padre es glorificado cuando ustedes dan mucho fruto y muestran así que son mis discípulos» (Juan 15:8). El Salmo 1 dice que dichoso es el justo porque es «como el árbol plantado a la orilla de un río que, cuando llega su tiempo, da fruto y sus hojas jamás se marchitan. Todo cuanto hace prospera» (v. 3). La «orilla del río» representa la Palabra de Dios, o «la ley del Señor» (v. 2).

Lo mismo sucede en la vida. Para rendir fruto abundante es necesario estar arraigado en la Palabra de Dios. Además de deleitarnos en la Palabra de Dios y de meditar en ella (Sal. 1:2), debemos vivirla. El apóstol Santiago nos amonesta: «No se contenten sólo con escuchar la palabra, pues así se engañan ustedes mismos. Llévenla a la práctica» (Santiago 1:22).

En la fuerza que suministra Cristo, hemos de conformar cada aspecto de la vida con la Palabra de Dios. Ésta debe moldear nuestra relación con Cristo, nuestra vocación, nuestra relación con los miembros de la familia, con otros creyentes y el ministerio a nuestras comunidades, naciones y al mundo.

De todo esto trata la serie *El estilo de vida del Reino*. Queremos ayudarle a profundizar su relación con el Dios glorioso y asombroso, Rey del universo, y de aumentar el conocimiento que usted tiene de su Palabra poderosa. Trata de ayudarle a vivir todas las facetas de su vida basándose en esta relación y su conocimiento. También queremos ayudarle a ponerla en práctica mientras usted sirve como «sal y luz» (Mateo 5:13-16) en su comunidad, su nación y en el mundo. En última instancia, es cuestión de dar buenos frutos para la gloria de Dios. Nada se puede comparar con una vida gozosa, llena de paz y propósito, vivida para Dios, por Él fortalecidos y conforme a su Palabra.

No sólo me entusiasma el rico contenido de esta serie; también me encanta el método. Estoy convencido de que la gente aprende mejor en grupos pequeños y poniendo en práctica lo que aprende. No fuimos creados para crecer en solitario. Por eso cada libro está especialmente diseñado para ser usado en grupos pequeños. Si usted aún no forma parte de uno, le animo a buscar un grupo de hermanos o hermanas en Cristo con quienes orar, que le puedan ayudar a aprender y aplicar las lecciones contenidas en este libro.

Que la gracia y el gozo abunden en su vida.

Al servicio del Rey y de su reino,
—Randy Hoag
Presidente de *Fundación Contra el Hambre*

Acerca de este estudio

En este trabajo examinaremos el concepto de holismo (una totalidad indivisa) y la forma cómo se aplica a la vida del seguidor de Cristo y a su ministerio. Este estudio se puede emprender individualmente o en grupo pequeño. Se divide en seis sesiones. Observe cuidadosamente el tema de cada sesión

Tema de cada sesión

Sesión 1. Definiremos la noción de holismo y descubriremos que es una idea bíblica profunda. Examinaremos ejemplos que se reflejan en las Escrituras.

Sesión 2. Trataremos un importante problema que los cristianos han tenido que afrontar a lo largo de los siglos —una mente dividida que conduce a una vida dividida—. Veremos cómo este dualismo mental conduce a una separación entre la parte «espiritual» de la vida, como la fe, la adoración, la asistencia a la iglesia, y la parte «laica» o «secular», como la profesión y la vida familiar.

Sesión 3. Exploraremos el aspecto que ofrece una vida holística. Descubriremos que una vida holística es una unidad integral del ser, la fe en Cristo influye a cada parte de nuestra vida, pues deseamos glorificar a Dios tanto en privado como en público, en la vida familiar, la profesión, e incluso en las cosas sencillas como la comida y la bebida.

Sesión 4. Si prestamos atención al ministerio cristiano, descubriremos que un ministerio holístico reconoce que Dios es Señor sobre *todas* las cosas. Entiende también el impacto global de la Caída, así como la gran agenda de Dios para traer esperanza y sanidad a todo lo que resultó afectado por la misma Caída «mediante la sangre que [Cristo] derramó en la cruz» (Col 1:20).

Sesión 5. Examinaremos cómo una mente dividida influye destructivamente en el ministerio y la misión cristiana porque divide el plan divino, comprehensivo, redentor, en una parte «espiritual» y otra «no espiritual». Cuando esto ocurre, la evangelización se separa equivocadamente del ministerio social, tal como el interés y la preocupación por las necesidades del pobre y el quebrantado.

Sesión 6. Exploraremos seis elementos esenciales para practicar un verdadero ministerio holístico.

Secciones de cada sesión

Palabras clave. Después de una narración inicial, cada sesión incluye el análisis de algunas palabras clave halladas en ella. Además de leer las definiciones dadas, el lector puede utilizar otros recursos adicionales, como un diccionario o comentario de la Biblia, para un estudio más detallado de esos términos. La comprensión de ciertas palabras le ayudará a obtener el máximo rendimiento de este estudio.

Versículos clave. Después de estudiar las palabras clave, hallará un pasaje de las Escrituras para cada sesión. Lea atentamente la cita y responda las preguntas formuladas. Estos pasajes clave proporcionan un marco bíblico para la enseñanza del tema de cada sesión. Ya sea que dirija un grupo pequeño, participe en él, o estudie solo, puede consultar las respuestas sugeridas para las preguntas relacionadas con los Versículos clave de cada sesión en las Notas de estudio que se facilitan al final del libro. No todas las preguntas esperan una respuesta del tipo «verdadero» o «falso», pero las sugerencias le ayudarán a estimular su pensamiento.

Intuiciones bíblicas. La sección narrativa constituye el núcleo de cada sesión. Léala detenidamente y tome notas.

Mientras va leyendo, subraye los puntos significativos o importantes y escriba las preguntas que se le ocurran.

Preguntas de descubrimiento. Esta sección está concebida para guiarle a la Palabra de Dios y alcanzar un mejor entendimiento del material que cubre la sección Intuiciones bíblicas. Las respuestas sugeridas para estas preguntas se pueden encontrar en las Notas de estudio, al final del libro.

Puntos para recordar. Esta sección resume brevemente los puntos clave de cada sesión.

Pensamientos finales. Esta sección presenta una conclusión del tema, marca una transición del núcleo de la sesión a la aplicación personal que le sigue.

Aplicación personal. Esta parte está destinada al estudio personal. Las preguntas están concebidas para ayudarle a reflexionar sobre su propia vida y experiencias y poner en práctica una aplicación personal.

Si usted dirige un grupo pequeño para hacer este estudio, le rogamos que lea la Guía del líder o responsable antes de comenzar. En ella se ofrecen orientaciones que le ayudarán a maximizar el aprovechamiento del grupo.

Así pues, lancémonos a inquirir en las Escrituras, a explorar el profundo concepto bíblico del holismo, y descubra cómo esta idea puede cambiar profundamente su vida y su ministerio. Si buscamos a Dios con toda nuestra mente, alma y cuerpo, y procuramos cumplir su voluntad en toda nuestra vida, seremos colaboradores de Dios en la expansión de su reino para dar gloria a su nombre.

INTRODUCCIÓN

El poder transformador de la verdad

La Biblia revela al Dios todopoderoso Creador de todas las cosas. El Antiguo Testamento declara que el Espíritu de Dios estaba presente cuando los cielos y la tierra fueron creados (Gn 1:1-2), y el Nuevo Testamento explica que Dios Padre creó todas las cosas «por» y «para» su Hijo, Jesucristo (Col 1:16). El Dios trino —Padre, Hijo y Espíritu— es el Gobernador supremo de toda la creación (Sal 24:1; Mt 28:18), el que ordena y sostiene todo el cosmos (Col 1:17). No se muestra indiferente o desinteresado hacia su creación; la ama y se deleita en ella (Gn 1:31).

Pero no todo es como debiera. El pecado entró en la creación de Dios. La Biblia revela que el pecado no es como una enfermedad espiritual aislada sino la causa que ha desordenado radicalmente el cosmos (Gn 3:17-18; Ro 8:19-22). La Biblia revela también que Dios está actuando para redimir el cosmos caído. La redención que Dios proporciona por medio de Jesús producirá un nuevo cielo y una nueva tierra (Ap 21:1-2), no un cielo espiritual, abstracto, donde moren las almas de los que han sido salvos. Jesús es nuestro Salvador y Redentor, pero también es mucho más. Es el Salvador del mundo, el Redentor de todo el cosmos (Juan 3:16).

Cuando se contempla el cristianismo bajo este ángulo luminoso, vemos que no es tanto una religión, sino una concepción comprehensiva del universo. Y es la única concepción que concuerda con la realidad tal como Dios la ha revelado en su Palabra. El apóstol Pablo expresa esta concepción en su carta a la iglesia de Colosas. Dice de Jesús:

> Él es la imagen del Dios invisible, el primogénito de toda creación, porque por medio de él fueron creadas todas las cosas en el cielo y en la tierra, visibles e invisibles, sean tronos, poderes, principados o autoridades: todo ha sido creado por medio de él y para él. Él es anterior a todas las cosas, que por medio de él forman un todo coherente... Porque a Dios le agradó habitar en él con toda su plenitud y, por medio de él, reconciliar consigo todas las cosas, tanto las que están en la tierra como las que están en el cielo, haciendo la paz mediante la sangre que derramó en la cruz.
>
> —*Colosenses 1:15-17, 19-20*

Pablo presenta aquí una concepción cristiana global del universo: las expresiones «todas las cosas» y «toda la creación» aparecen en el pasaje seis veces. Siglos después de Pablo el gran estadista y teólogo holandés Abraham Kuyper (1837-1929) expresó la misma cosmovisión cristiana comprehensiva de este modo: «No hay ni un solo centímetro cuadrado en el universo sobre el que el rey Jesús no reclame pertenencia a su 'señorío'».[1]

La iglesia hoy

No obstante, para muchos cristianos actuales esta concepción comprehensiva de la realidad ha quedado oscurecida. Muchos dividen el mundo en compartimentos mutuamente exclusivos: uno es etiquetado «sagrado» y tiene que ver con la vida espiritual y las cosas eternas, y todo lo demás cae dentro del compartimento «secular» o «laico». Para los que sostienen esta visión fragmentada de la realidad, las consecuencias son profundas. Aunque pueden confiar en Jesús como su Salvador espiritual, pueden fallar en honrarle como Señor sobre todas las esferas de su vida. Una línea invisible divide su fe personal en Cristo (su asistencia a la iglesia, culto, oración y estudio bíblico) de otras áreas de su vida como el trabajo, el tiempo de esparcimiento o el cuidado del cuerpo físico. Asumen que las actividades cotidianas «laicas» tienen poco interés para Dios. En consecuencia, el cristianismo queda reducido exclusivamente a un plan de salvación espiritual. La cruz es como un boleto, o pasaje para viajar al cielo, o poco más.

Cuando esta concepción fragmentada de la realidad penetra en una iglesia, se produce una separación de la cultura circundante. Se da más importancia a los cultos dominicales que a las obligaciones cotidianas. «El servicio cristiano a tiempo completo» se valora más que el ocuparse en las artes, las leyes, la política, los servicios sociales, la atención a las necesidades físicas de los pobres, y así sucesivamente. No se aprecia la conexión de las doctrinas fundamentales de la Biblia con la cultura y la vida cívica. Como resultado de ello, la iglesia se aparta de la sociedad y forma un gueto cristiano, con su propia subcultura lingüística (vocabulario), medios y esparcimiento. En vez de discipular activamente a las naciones como mandó Cristo (Mt 28:18-20), la iglesia se vuelve impotente e ineficaz para influir a la cultura. Irónicamente, cuando la iglesia no procura impactar a la sociedad, los valores y creencias predominantes en la cultura circundante empiezan a influir en ella y a moldearla.

A pesar de la pérdida de cosmovisión cristiana en buena parte de la iglesia actual, hay motivo de gran esperanza. Dios actúa en nuestra generación. Está activo en todo el mundo, guiando a su esposa a una concepción comprehensiva, indivisa, de la realidad. Él recuerda a sus seguidores que no es sólo Señor sobre un ámbito espiritual limitado, sino ¡sobre todo! Él creó la esfera espiritual y la física y cuida igualmente de ambas. Desea ser glorificado no sólo en los templos, sino también en los hogares, las escuelas, las empresas, los juzgados, y los edificios oficiales. Además, Él recuerda a su esposa que aunque busca activa, apasionadamente, y salva a los que están perdidos en sus pecados (1 Ti 2:4), su plan redentor es aún más grande. Él está redimiendo todas las cosas que se distorsionaron en la Caída (Col 1:19-20). Dios llama a su iglesia a participar con Él en esta agenda redentora universal.

Holismo

Una palabra nueva está resultando útil hoy para devolver a los cristianos una mentalidad comprehensiva e indivisa: el *holismo*. Aunque esta palabra es relativamente nueva, la idea que encierra no lo es. El holismo deriva del griego hólos (todo, entero) y se emplea para designar sistemas enteros constituidos de múltiples partes interconectadas que funcionan conjuntamente. Piense, por ejemplo, en su vida. Distintos aspectos de su vida serían su vida familiar, su profesión, su vida espiritual, recreativa, y así sucesivamente. Una mentalidad dividida separará estas partes en dos categorías sagrada y secular. En cambio una mentalidad holística procurará glorificar a Dios en todas las áreas de la vida, reconociendo que Él se preocupa de todos los aspectos y de lo que uno hace. Piense también en el ministerio cristiano. Algunos ministerios se centran en la evangelización, otros en el discipulado, y aun otros en proporcionar asistencia a los pobres y necesitados. Una mentalidad dividida separará estas actividades en categorías superior e inferior. Una mentalidad holística las verá como partes igualmente esenciales del ministerio total para extender el reino de Dios en la tierra.

El concepto de holismo es liberador y retador. Tiene poder para librarnos de un dualismo mental debilitador. Proporciona una perspectiva fresca, un aumento de fe que conduce a una nueva libertad para disfrutar de la vida humana en toda su maravilla. Nos abre la puerta a un nuevo interés y delicia en la magnífica creación de Dios. Nos permite explorar alternativas vocacionales fuera del «servicio cristiano a tiempo completo» haciendonos saber que aún estamos sirviendo y glorificando a Dios. Cuando toda una iglesia abraza esta perspectiva, escapa del gueto cristiano, penetra y transforma la cultura circundante mediante el poder de la Palabra de Dios encarnada en el ser humano.

Pero al mismo tiempo el holismo es retador porque exige que la fe conforme toda nuestra vida. Si verdaderamente captamos lo que es el holismo, ya no podremos retener ciertos segmentos de nuestra vida sin rendirlos a Dios. Jesús reclama toda la vida —cada parte de ella— para glorificarle. Quiere que nos unamos a Él para extender su reino en todas las esferas de la cultura y la sociedad. Para todos los que han estado atrapados en una mentalidad dividida, este reto podría ser como dar un paso radical, temible. Pero Jesús promete que si nos unimos a Él, nuestra carga será ligera y nuestro yugo fácil de sobrellevar. La responsabilidad de expandir el reino es de Dios, pero Él nos concede —a usted y a mí— el privilegio de colaborar en su obra. Si aceptamos el rol de colaboradores de Dios, Él suplirá la fuerza necesaria para hacer las cosas que nunca podríamos hacer por nosotros mismos.

SESIÓN 1

La concepción holista

Cuando los científicos se asoman al vasto universo, ¿qué observan? Según el erudito Patrick Glynn, ven un universo con innumerables partes o sistemas interdependientes, que cooperan con tan asombrosa armonía que parece claro «que el universo entero ha sido intrincadamente ajustado desde el principio para albergar existencia de vida».[1]

Cuando los científicos ciñen su mirada al universo que encierra una célula viva, ¿qué ven? Según el bioquímico Michael Behe, observan máquinas altamente complejas hechas de moléculas. Behe explica:

Las máquinas moleculares arrastran cargas desde un rincón de la célula a otro a lo largo de «vías» formadas por otras moléculas, mientras que otras actúan de cables, cuerdas y poleas para mantener las células en forma. Unas máquinas encienden y apagan interruptores, matan a veces la célula, o la hacen crecer. Las máquinas de energía solar captan la energía de los fotones y la almacenan en sustancias químicas. Las máquinas eléctricas permiten que la corriente fluya a través de los nervios. Las manufactureras alimentan a las máquinas moleculares, como también a sí mismas. Las células nadan valiéndose de máquinas, se multiplican a través de maquinaria, ingieren alimento mediante una maquinaria. En suma, tales máquinas, altamente sofisticadas, controlan todos los procesos celulares. De este modo, los detalles de la vida están primorosamente calibrados, y la maquinaria de la vida es enormemente compleja.[2]

Numerosos sistemas, sigue explicando Behe, florecen dentro de las células vivas «compuestas de varias partes, las cuales contribuyen a la función [de todo el sistema]...La remoción de una cualquiera de las partes provoca que el sistema deje de funcionar efectivamente».

En el siglo XX, el botánico Charles Darwin (1809-1882) dominó el mundo de la ciencia con su popular teoría de que toda forma de vida surgió por azar en un universo aleatorio. Sin embargo los nuevos descubrimientos científicos desafían de plano esta concepción. Lejos de existir por azar y de ser caótico, el universo está formado por totalidades que interactúan, compuestos a su vez de partes interdependientes que funcionan armónicamente. Hay ejemplos, tales como una sola célula, el cuerpo humano, un ecosistema y el sistema solar. Esta es una evidencia concluyente de que existe un Diseñador. Cuando observamos la belleza y la complejidad de la creación —los millones de partes que cooperan con asombrosa precisión y armonía— podemos proclamar la grandeza de Dios con el autor del Salmo 104:24: «¡Oh Señor, cuán numerosas son tus obras! ¡Todas ellas las hiciste con sabiduría!». En conclusión la creación de Dios es holística.

Aunque la palabra holismo no aparece en las Escrituras, el concepto aparece expuesto de principio a fin. Entenderlo y aplicarlo a nuestra vida y ministerio es fundamental para una vida cristiana fiel. En esta sesión definiremos el holismo y descubriremos cómo y dónde aparece en las Escrituras.

PALABRAS CLAVE

¿Qué es el holismo?

Holismo

El holismo es la teoría o la idea de que las partes de un todo deben entenderse en relación con el mismo todo. Enfatiza el todo y la interdependencia de las partes, no tanto de las partes por sí mismas sino comprendidas en la totalidad. La palabra fue usada primeramente por científicos del siglo XX para describir el funcionamiento interconectado del universo. Actualmente se emplea en otros campos, como la filosofía, la psicología y la ecología. En este estudio empleamos la palabra para describir la concepción cristiana de la vida humana como Dios la diseñó.[4]

VERSÍCULOS CLAVE

Un cuerpo, muchos órganos

> De hecho, aunque el cuerpo es uno solo, tiene muchos miembros, y todos los miembros, a pesar de ser muchos, forman un solo cuerpo. Así sucede con Cristo... Así Dios ha dispuesto los miembros de nuestro cuerpo... a fin de que no haya división en el cuerpo, sino que sus miembros se preocupen por igual unos por otros.
>
> —*1 Corintios 12:12, 24-25*

1. ¿Qué cuerpo describe el apóstol Pablo en el pasaje anterior? Véase 1 Corintios 12:27.

2. Según 1 Corintios 12:28, ¿cuáles son las partes del cuerpo?

3. ¿Cómo debe funcionar el cuerpo según el diseño de Dios?

INTUICIONES BÍBLICAS

El holismo revelado en las Escrituras

La idea del *holismo* se ha hecho muy popular hoy. El adjetivo *holístico* se aplica a todo: la medicina, la administración y el ministerio. Dado que los prosélitos occidentales de la Nueva Era suelen usar este mismo término, muchos lo asocian con el *panteísmo* y el *misticismo* oriental. En consecuencia, algunos cristianos muestran cautela y tienden a evitar este concepto. Con todo, el holismo es una idea profundamente bíblica que debe conformar la mentalidad de los cristianos para poder crecer espiritualmente y desarrollar ministerios eficaces. Pensar holísticamente es captar las partes y el todo. En estas seis sesiones exploraremos este importante concepto y su aplicación a la vida y el ministerio.

La Iglesia

Hallamos este pensamiento de las partes y el todo desplegado en la descripción que hace el apóstol Pablo en 1 Corintios 12. La iglesia, según Pablo, es una sola entidad, el «cuerpo de Cristo», que consta de muchas partes (v. 12) Compara a la iglesia con el cuerpo humano —otro sistema holístico— para ilustrarlo. Los cuerpos humanos tienen muchas partes interdependientes, como ojos, pies y oídos, explica Pablo. «Si todo el cuerpo fuera ojo, ¿qué sería del oído? Si todo el cuerpo fuera oído, ¿qué sería del olfato? En realidad, Dios colocó cada miembro del cuerpo como mejor le pareció. Si todos ellos fueran un solo miembro, ¿qué sería del cuerpo? *Lo cierto es que hay muchos miembros, pero el cuerpo es uno solo*» (1 Co 12:17-20). (Cursiva añadida). Pablo describe las partes de la iglesia como desempeñando distintas funciones (o roles) y dones recibidos por los seguidores de Cristo. «En la iglesia Dios ha puesto, en primer lugar, apóstoles; en segundo lugar, profetas; en tercer lugar, maestros; luego los que hacen milagros; después los que tienen dones para sanar enfermos, los que ayudan a otros, los que administran y los que hablan en diversas lenguas» (1 Co 12:28).

La iglesia universal es holística: es el cuerpo de Cristo dirigido por un Espíritu, pero compuesto de muchas partes. Se compone de miembros individuales, cada uno equipado con distintos dones, agrupados en congregaciones locales. Cada una de esas expresiones locales se asemeja a un sistema que funciona dentro de un todo, en el que cada miembro contribuye con sus dones a su salud y su eficacia. Tanto a escala local como global, nos necesitamos unos a otros para funcionar como cuerpo de Cristo en el mundo.

Dios y la realidad

La fuente última y el sustentador de la creación es Dios. Él abarca toda la realidad; nada existe ni puede existir en el universo aparte de Él. Para entender a Dios debemos reconocer el todo y las partes de su naturaleza; es decir, debemos entenderle holísticamente. La Biblia revela a un Dios tri-personal. Según el teólogo J. I. Packer, la doctrina de la Trinidad afirma que el «Dios único ("Él") es también, e igualmente, "ellos", y "ellos" están siempre juntos y colaborando» para desplegar un plan de redención para la creación.[5] En el curso de la historia, tal como se refleja en la Biblia, se ve actuar a un Dios en tres Personas —Padre, Hijo y Espíritu Santo.

La autora y erudita cristiana Nancy Pearcey describe la Trinidad como la «piedra angular del pensamiento social cristiano». Dice así: «La raza humana fue creada a imagen de Dios, cuyas tres Personas, íntimamente relacionadas, constituyen la Trinidad ...*un solo ser en tres Personas*. Dios no es "realmente" una deidad, que adopta tres formas: ni es "realmente" tres deidades, lo cual sería politeísmo. Tanto su unidad como su trinidad son igualmente reales, esencialmente iguales, igualmente básicas e integrales en la naturaleza de Dios».[6] No podemos afirmar que el Padre, o el Hijo, o el Espíritu Santo, sea más importante que los otros dos, ni podemos descartar a uno de ellos y mantener una idea verdadera de Dios. Del mismo modo, no podemos entender la realidad de las diversas partes que componen el universo aparte de Dios. Para pensar adecuadamente acerca de Dios —acerca de la realidad última— tenemos que pensar holísticamente.

La Biblia

La Biblia es holística. El todo es un relato unificado que describe la existencia eterna y el carácter de Dios, el origen y la naturaleza del universo, la fuente del mal, el sentido y propósito de la vida humana, y la meta definitiva de la historia. La Biblia comprende sesenta y seis libros compuestos de capítulos y relatos más pequeños. Varios autores escribieron estos libros, entre otros Moisés, el rey David, varios profetas, y los apóstoles Pablo y Pedro, los cuales usaron distintos estilos (historia narrativa, poesía, letrillas de música, cartas personales y otros recursos) escritos en varias lenguas (principalmente hebrea y griega), en el curso de varios siglos. Pero el Espíritu Santo tejió esta amplia variedad de textos para formar una sola historia —la historia de Dios y el despliegue de su plan redentor en la historia—. Sustraer una parte de la Biblia significaría comprometer la integridad de su totalidad. Sus partes son interdependientes e igualmente importantes en la totalidad del mensaje.

Dios creó el universo repleto del modelo constituido por todos con sus partes. Para los cristianos, y, en definitiva, para todas las personas, el concepto de holismo es fundamental para nuestra comprensión del universo. Debemos pensar holísticamente para entender a Dios, a Jesucristo, la creación, la Biblia, nuestra sociedad, nuestros ministerios y a nosotros mismos.

PREGUNTAS DE DESCUBRIMIENTO

Visión del bosque y los árboles

En la Biblia, la verdad suele ser multifacética y hermosamente equilibrada. En vez de «esto» o «aquello», la verdad es a veces «ambas cosas». A menudo se descubre la verdad en un todo con distintas partes que guardan un equilibrio. Abra su Biblia para explorar algunos de estos ejemplos.

1. Fijémonos primeramente en el testimonio cristiano en el mundo. Según Efesios 4:15-16, ¿qué partes componen el testimonio cristiano en su totalidad?

2. ¿Qué sucede cuando se pierde el equilibrio entre la verdad y el amor en el testimonio cristiano?

3. Fijémonos ahora en el ministerio. Según Mateo 9:35, ¿qué partes componen el ministerio cristiano en su totalidad?

4. ¿Qué sucede cuando se pierde el equilibrio en el ministerio entre la enseñanza/predicación y el cuidado compasivo por los quebrantados y afligidos?

5. Considere ahora el carácter de Dios. Según Éxodo 34:5-7, ¿qué partes componen el carácter de Dios en su totalidad?

6. ¿Qué sucede cuando se pierde el equilibrio entre compasión/gracia/amor y santidad/justicia/ira en el concepto de Dios?

7. Piense en el estilo de vida cristiano. Según Romanos 1:17 y Santiago 2:14-17, ¿Cuáles deben ser las partes esenciales del estilo de vida cristiano?

8. ¿Qué sucede cuando se pierde el equilibrio entre la fe y las buenas obras?

PUNTOS PARA RECORDAR

El todo y sus partes

1. El holismo es una idea que concibe las partes en relación con la totalidad. Este concepto se halla extendido en toda la Biblia. Hemos de aprender a pensar holísticamente para crecer en fe y desarrollar ministerios eficaces.

2. Dios creó un universo de maravillosa diversidad y complejidad. Su creación está constituida de partes innumerables, y cada parte contribuye a la función de la totalidad.

3. La iglesia universal es holística. El cuerpo de Cristo es una entidad que consta de muchas funciones, roles, dones y expresiones locales igualmente importantes.

4. Dios es holístico. Es una unidad compleja entre Padre, Hijo y Espíritu Santo. Cada Persona de la Trinidad desempeña una función esencial en el plan redentor de Dios.

5. La Biblia es holística porque presenta la imponente historia del plan redentor de Dios. Sus partes (libros y relatos individuales) son interdependientes e igualmente importantes para su narrativa general.

PENSAMIENTOS FINALES

Un hermoso equilibrio

El pensamiento holístico no es fácil ni automático. Requiere sostener dos o más partes en equilibrio en el contexto de una totalidad más grande. A veces esas partes parecen contradictorias. ¿Cómo puede ser Jesús completamente Dios y completamente hombre? ¿Cómo puede ser Dios uno y trino?

Como ha demostrado la historia, surgen problemas cuando los cristianos se centran en un aspecto de la vida, o de la fe, y descuidan otros. Cuando no se mantiene el equilibrio entre las partes —cuando no se piensa holísticamente— uno se pierde la plena verdad contenida en las Escrituras.

La verdad mantiene un hermoso equilibrio. Funciona como un móvil sobre la cuna de un niño. Cuando todas sus piezas están en su sitio, se mueve con primor y simetría. Pero si se quita una de sus partes, todo el móvil colapsa. En la vida cristiana, entre las partes interdependientes están la ley y la gracia, la libertad humana y la soberanía de Dios, los aspectos presentes y futuros del reino de Dios, la evangelización, la acción social, y así sucesivamente. En vez de representar elementos contrarios irreconciliables, estas partes proporcionan un marco para la vida y la fe cristiana. Cuando los cristianos acentúan una parte a costa de la otra, pierden la plenitud de la verdad de Dios, la iglesia se divide y se debilita. En aras de la fortaleza y la salud de la iglesia universal debemos adoptar una concepción holística de la vida.

APLICACIÓN PERSONAL

¿Guarda usted un equilibrio?

En las preguntas de descubrimiento, vimos áreas de las Escrituras perfectamente equilibradas. Repasémoslas, pero en esta ocasión reflexionemos en nuestra vida.

1. Por cada una de las categorías que figuran abajo, marque una X en el punto que mejor refleje su posición o tendencia. Sea todo lo honesto y objetivo que pueda. En el espacio de notas, explique por qué se ha posicionado como lo ha hecho. ¿Está usted a la izquierda, a la derecha, o en alguna posición intermedia?

Su testimonio cristiano

Habla siempre la verdad, sin importar el efecto que produce	Habla casi siempre la verdad	Habla constantemente la verdad en amor	Habla mayormente con amor	Habla siempre con amor, sin importar la verdad

Notas: ______________________________

Su ministerio

Se centra exclusivamente en la enseñanza y la evangelización	Se centra mayormente en la enseñanza y la evangelización	Se centra igualmente en ambos enfoques	Se centra mayormente en un ministerio compasivo	Se centra exclusivamente en un ministerio compasivo

Notas: ______________________________

Su entendimiento del carácter de Dios

Solamente amoroso, compasivo y misericordioso	Mayormente amoroso, compasivo y misericordioso	Igualmente ambos enfoques	Mayormente justo, recto y colérico	Solamente justo, recto y colérico

Notas: ____________________

____

____

____

Su estilo de vida

Centrado exclusivamente en la fe o en la creencia	Centrado mayormente en la fe o en la creencia	Centrado igualmente en ambos enfoques	Centrado mayormente en las buenas obras	Centrado exclusivamente en las buenas obras

Notas: ____________________

____

____

____

2. ¿Le plantearon estas valoraciones algunas preguntas? Si es así, escríbalas abajo. Comente las preguntas en el grupo, o dedique algún tiempo esta semana a responderlas.

____

____

____

3. ¿Qué opinión general le merece el mantener la vida y la fe cristianas en equilibrio holístico? Escriba una o dos frases abajo.

Próxima sesión: *Vida y mente divididas*

SESIÓN 2

Vida y mente divididas

El monumento conmemorativo de la resistencia alemana en Berlín pone de relieve el intrépido esfuerzo de los alemanes que sacrificaron sus vidas y se opusieron a uno de los regímenes más crueles de la historia de la humanidad. El museo también exhibe fotografías inquietantes. Fotos de pastores protestantes y sacerdotes católicos haciendo el saludo nazi. Fotos de pancartas con la esvástica adornando iglesias cristianas —pancartas con la esvástica y la cruz de Cristo en el centro.

La triste realidad es que durante el periodo de la Alemania nazi muchas iglesias guardaron silencio ante el mal radical, o apoyaron decididamente el régimen de Adolfo Hitler. Cuando se produjo la subida al poder de Hitler, un 95 por ciento de los alemanes decían ser cristianos.[1] Una tercera parte era católica y dos terceras partes protestantes.[2] ¿Cómo pudieron tantos seguidores del Príncipe de Paz apoyar a un gobierno tan malvado, o permanecer indiferentes mientras exterminaba a millones de judíos?

Aunque no hay respuestas sencillas para contestar esta pregunta, se puede rastrear una posible causa en el gobierno del canciller alemán Otto von Bismark (1815-1898). Según el autor y pastor Erwin Lutzer, «Bismark afirmaba que había tenido una experiencia de conversión al cristianismo... pero se dio cuenta de que, como político, violaba los principios morales que gobernaban su conducta privada como cristiano. Razonaba diciendo que cuando actuaba como servidor del estado, un hombre no estaba sujeto a la misma moralidad que debía exhibir como individuo». En suma, Bismark creía que «debe de haber una división entre la moralidad pública y privada».[3]

La doble moral llegó a ser conocida como la doctrina de las dos esferas. Según esta doctrina, asuntos espirituales como la salvación y la vida eterna derivan de la esfera gobernada por la iglesia y las Escrituras. Todo lo demás, y especialmente los asuntos «mundanos» como la política, la ley y la diplomacia, pertenecen a una esfera separada en la que no operan los principios bíblicos. Esta mentalidad dividida ganó amplia aceptación entre los cristianos alemanes en los años que precedieron a la subida de Hitler al poder. Según la mentalidad de las dos esferas, «Cristo es Señor de la iglesia, pero el rey (o fuhrer) es, por así decirlo, señor de la esfera política...y los valores privados de la honestidad y la compasión no se trasladaron a la vida pública».[4]

Irónicamente, un movimiento de renovación espiritual barrió la iglesia luterana por el mismo periodo. Un movimiento que «abogaba por el retorno a la fidelidad bíblica, la adoración a Dios... y la devoción personal a Cristo»[5] No obstante, debido a la mentalidad de las dos esferas arraigada en la iglesia alemana, el movimiento enfatizó la evangelización y la predicación de Cristo, pero se apartó de los debates intelectuales que estaban en boga en toda Alemania. Por causa de la mentalidad dividida de la iglesia, «este movimiento de renovación tuvo poca influencia para contrarrestar la marea nazi».[6]

Cuando Adolfo Hitler ascendió al poder supremo, la mentalidad de las dos esferas se forzó hasta el límite. Finalmente, el nazismo obligó a los cristianos alemanes a «escoger entre un Cristo que era Señor sobre una "esfera espiritual" menguante y un Cristo, Señor de todas las cosas».[7]

Hitler no tenía intención de compartir el poder con líderes cristianos. No iba a permitir la coexistencia de la cruz de Cristo con la cruz gamada de la esvástica nazi. El 4 de enero de 1934 el gobierno nazi emitió un decreto conocido por la Orden Muzzling, que prohibió al clero alemán comentar en los sermones temas que se prestaran a la controversia social o política.[8] La Orden Muzzling estremeció a la iglesia alemana. ¿Podía un pastor ser fiel predicando solamente a Cristo crucificado, o este mensaje acarreaba implicaciones que había que manifestar, aunque las autoridades consideraran tales acciones controvertidas?[9]

Muchos pastores desafiaron la Orden Muzzling, y a consecuencia de ello la Iglesia Evangélica se dividió. Los que desafiaron la orden fueron llamados Iglesia Confesante. Uno de sus líderes principales, Karl Barth, proclamó con poder: «Rechazamos la falsa doctrina de que hay ámbitos en nuestra vida que no pertenecen a Jesucristo, sino a otros señores, ámbitos en los que no necesitamos ser justificados y santificados por Él».[10] Los líderes de la Iglesia Confesante, entre los que estaba Dietrich Bonhoeffer, creían que la doctrina de las dos esferas era una mentira. Concluyeron que los cristianos comprometidos debían vivir su fe en todas las áreas de la vida.[11] Por tomar esta postura, muchos de ellos pagaron un precio supremo: murieron en los campos nazis.

A través de la historia los cristianos han distinguido entre un ámbito espiritual que honra a Jesús como Señor y un ámbito secular, o laico, que no lo hace. Aunque nuestra vida consta de muchas partes, la Biblia especifica que Jesús debe ser Señor sobre todas ellas (1 Co 10:31). Como cristianos deseamos someter todas las cosas bajo su autoridad. La vida y la mente divididas, como las que prevalecieron en parte de la iglesia alemana en la etapa nazi, sigue representando un grave problema para los cristianos actuales de todo el mundo.

En esta sesión exploraremos las raíces y las consecuencias de esta mentalidad dividida y la amenaza que representa para el concepto del discipulado bíblico.

PALABRAS CLAVE

El costo del discipulado

Discipulado

La palabra raíz —*discípulo*— deriva del latín *discipulus*, que significa alumno o aprendiz. Los seguidores de Cristo, especialmente los doce apóstoles, fueron llamados discípulos en los Evangelios. El vínculo de los discípulos con Jesús fue más que una simple relación alumno-maestro. El discipulado para con el maestro requería fidelidad personal y completa lealtad. Ellos le dieron prioridad a Él y aplicaron su enseñanza a todas las esferas de la vida, sin escatimar el precio personal a pagar. El *discipulado* tiene que ver con el proceso de aprendizaje y crecimiento para ser más como Jesús, tanto por lo que respecta al pensamiento como la conducta.

Compartimentación

Compartimentar es dividir un «todo» en compartimentos o categorías aisladas. La compartimentación se opone al holismo y va en contra de la enseñanza bíblica.

VERSÍCULOS CLAVE

Llevar cautivo todo pensamiento

Destruimos argumentos y toda altivez que se levanta contra el conocimiento de Dios, y llevamos cautivo todo pensamiento para que se someta a Cristo.

—2 Corintios 10:5

1. ¿Qué imagen usa el apóstol Pablo en este versículo? ¿Por qué escogió un lenguaje tan vigoroso?

2. ¿Qué hemos de «llevar cautivo» y por qué?

3. ¿Se aplica este versículo sólo a cuestiones espirituales o religiosas? Explique su respuesta.

4. ¿Qué podemos hacer para «llevar cautivo todo pensamiento»? Véase 2 Timoteo 3:16-17.

INTUICIONES BÍBLICAS

Mentes peligrosamente divididas

El Nuevo Testamento presenta un discipulado comprehensivo. Dado que Cristo es el Creador, sustentador y gobernador de todas las cosas, su señorío influye a cada aspecto de nuestra vida. Si tenemos una mente dividida y no permitimos que Cristo rija activamente ciertas partes de nuestro ser, consentiremos que otro señor —quienquiera o cualquier cosa que sea— nos controle. Por esta razón, el apóstol Pablo nos amonesta a «llevar cautivo todo pensamiento para que se someta a Cristo». Pablo dice en otros párrafos: «Ya sea que coman o beban o hagan cualquier otra cosa, háganlo todo para la gloria de Dios» (1 Co 10:31). Los discípulos son llamados a vivir para la gloria de Dios según los principios y verdades de las Escrituras. El discipulado se extiende a todos los aspectos de la vida, como la familia, la vocación, los estudios, las actividades de recreo y las rutinas diarias. También se aplica a muchas funciones, como padres, hermanos, niños, empleados, supervisores, estudiantes, maestros, líderes y seguidores.

Si nos ejercitamos en la forma de pensar holística, según el discipulado bíblico, todas las partes de nuestra vida se asociarán para honrar a Dios. Nuestra vida reflejará la totalidad y la integridad para cuya posesión fuimos creados.

Errores en Oriente y Occidente

Un pensamiento y una vida holísticas no surgen de manera natural en la gente, ya pertenezcan a culturas orientales u occidentales. Muchas culturas orientales enfatizan el todo a expensas de las partes. Esto se refleja en sistemas o creencias como el panteísmo, en el que la realidad última es una sustancia —una fuerza infinita e impersonal—. Todo lo demás que parece existir es una ilusión. Esta creencia manifiesta en la arena social que el grupo (la totalidad) es considerado más importante que los individuos (las partes). En Japón, por ejemplo, un proverbio popular dice que: «el clavo que sobresale se martillea más fuerte» Hay poco respeto por la individualidad. El grupo es más importante.

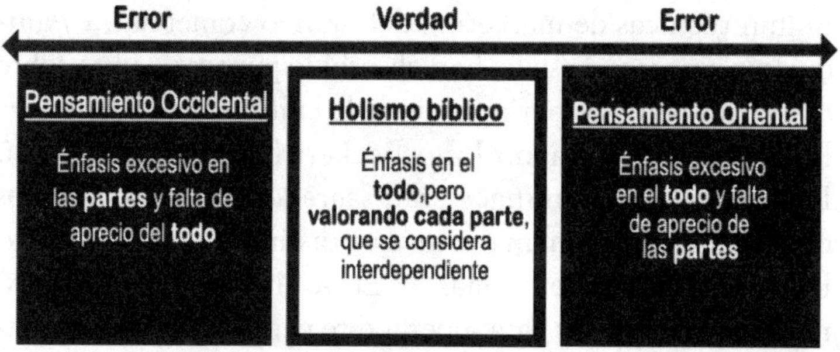

Al contrario, las culturas occidentales se centran menos en el todo y más en los individuos, y enfatizan los derechos de las personas y sus elecciones personales. Cuando prevalece el individualismo radical, cuando una persona no estima a los demás la vida comunitaria sufre. Muchas personas en el mundo tendrían que regenerar su mente para poder pensar holísticamente.

La mente dividida en la vida cotidiana

Si nuestra tendencia natural es enfatizar las partes y perder de vista el todo, nuestra vida estará marcada por los compartimentos. El tiempo que dedicamos a las diversas actividades: familia, trabajo, iglesia y esparcimiento, ocuparán compartimentos separados en la mente con escasa interacción entre ellas. Si yo soy cristiano y pienso de esta manera, corro el peligro de poner mi fe en una caja marcada «Creencias personales» y tenerla como cosa personal, al mismo tiempo adopto cualquier opinión actual en mi círculo profesional o social. La autora y erudita Nancy Pearcey escribe: «Probablemente todos conozcamos profesores cristianos que aceptaron sin rechistar las últimas teorías seculares sobre educación; empresarios cristianos que gestionan sus asuntos observando teorías seculares de administración; ministros de culto cristianos que imitan técnicas de marketing del mundo comercial... Aunque son sinceros en su fe, han absorbido puntos de vista sobre casi todas las cosas por osmosis de la cultura circundante».[12] El empresario cristiano John Beckett fue una persona así. Para John, «los domingos eran sagrados, mientras que los demás días de la semana eran muy distintos, en ellos operaba otro conjunto de normas».[13] En su libro, *Loving Monday*, nos relata sus luchas para superar este pensamiento compartimentado. Habiendo aceptado a Cristo como adulto, Beckett pronto descubrió «un gran abismo» entre su nueva fe y su vida laboral: «Hallé que vivía en dos mundos separados». Sintió que era imposible servir a Dios y seguir siendo un hombre dedicado a la empresa... Por años pensé que mi dedicación a la empresa era un empeño secundario —necesario para poner el pan en la mesa, pero menos noble que las ocupaciones más sagradas como el ministerio o la misión cristiana.

Compartimentar la cultura

En muchos países occidentales se considera hoy normal, e incluso bueno, llevar vidas compartimentadas. Muchos creen que lo que hacen en su vida privada no debería influir su vida y su conducta públicas. En la esfera de la religión, en los EEUU, se estimula esta actitud con la idea de «separar la iglesia y el estado», que muchos entienden como eliminación de las creencias y costumbres cristianas de la esfera pública. Usted es libre de practicar su fe en su vida privada (en su casa o en su iglesia), pero es inapropiado ser cristiano en público. Muchos cristianos se suman hoy, inadvertidamente, a esta distorsión. Lo que al principio tuvo intención de impedir la imposición de una iglesia o una religión estatal se ha convertido actualmente en una invitación a proscribir el cristianismo de la vida pública. No obstante, como descubrió la iglesia confesante alemana durante el periodo nazi, Dios no puede ser pulcramente escondido en una caja que diga «Creencias personales». Cristo exige ser Señor de todo. No puede haber terreno neutro. Él nunca diseñó tal cosa.[15]

PREGUNTAS DE DESCUBRIMIENTO

Una llamada al discipulado comprehensivo

El discipulado a Cristo exige sumisión y obediencia. Una mente dividida y compartimentada contradice el llamamiento de Cristo al compromiso. Abra su Biblia y repase lo que Jesús y sus discípulos afirman acerca del discipulado.

1. Lea Marcos 1:16-18. ¿Cuál es el punto de partida para todos los discípulos de Jesús?

   ____

   ____

2. ¿Qué implica para los discípulos el llamamiento de Jesús a «seguirle»? Véase Marcos 10:28.

   ____

   ____

3. Lea Mateo 28:18 y Colosenses 1:15-18. ¿Por qué se merece Jesús nuestra lealtad y nuestra sumisión?

   ____

   ____

   ____

4. Lea Filipenses 3:4b-14. ¿Qué sacrificó Pablo para seguir a Cristo? En comparación con el conocimiento y la ganancia de Cristo, ¿qué dice Pablo de las cosas que perdió?

   ____

   ____

   ____

5. Lea Marcos 8:34. ¿Qué implica ser un discípulo de Cristo? En sus propias palabras, describa lo que quiere decir Jesús con: «Si alguien quiere ser mi discípulo, que se niegue a sí mismo, lleve su cruz y me siga».

6. Según Marcos 8:35, ¿cómo «salvamos» nuestra vida, o tenemos «plenitud de vida», como dice el apóstol en Juan 10:10?

7. Lea Marcos 10:17-23. ¿Qué deseó el joven rico en el versículo 17? En el versículo 21, ¿qué instrucciones le dio Jesús? ¿Estuvo dispuesto el joven a pagar el precio para lograr su deseo?

8. ¿Por qué es tan difícil para los ricos seguir a Jesús? Véase Mateo 6:24.

PUNTOS PARA RECORDAR

El peligro de las vidas divididas

1. El pensamiento holístico rara vez es fácil o natural. Suele requerir un cambio intencional de la forma de pensar.

2. Tradicionalmente, los orientales acentúan el todo a expensas de las partes, y los occidentales acentúan las partes a expensas del todo. Ambos puntos de vista son contrarios a la cosmovisión bíblica.

3. Si se acentúan las partes a expensas del todo, ello conduce normalmente a un estilo de vida compartimentado, con escasa o ninguna interacción entre las partes.

4. Dios no puede ser pulcramente escondido en una caja etiquetada «Creencias personales». Cristo exige ser Señor de todo.

PENSAMIENTOS FINALES

Todas las áreas, todos los aspectos

El llamamiento de seguir a Cristo es comprehensivo y exige toda nuestra vida —todas las áreas y todos los aspectos—. Una de las grandes mentiras de Satanás es que una vida de discipulado y total compromiso es trabajo penoso, tristeza y sacrificio. Lo que tienes que hacer —parece asegurar Satanás— es controlar tu propia vida. Tú sabes mejor que Dios cómo cumplir tus sueños de felicidad e importancia. Cuando los seguidores de Cristo caen en esta trampa, ponen a Dios en una caja: «Él puede ser Señor sobre algunas partes de mi vida, pero yo controlaré el resto». Para otros cristianos la vida se divide en categoría «espiritual» y categoría «secular». La categoría espiritual tiene que ver con las creencias personales, la asistencia a la iglesia y la vida de oración. La categoría secular comprende el resto de la vida: el trabajo, la educación, y el tiempo de recreo. Ambas posturas conducen a mentes y vidas divididas que carecen de integridad y no captan la noción del discipulado que presentaron Jesús y los apóstoles. Pero si permitimos que Dios sea Señor sobre toda nuestra vida y procuramos honrarle en todo lo que hacemos, obtendremos lo que el apóstol Juan describe como «vida en abundancia» (Juan 10:19).

Cuando el autor John Beckett venció finalmente la separación de lo sagrado y lo secular, pudo considerar por primera vez su trabajo como «de gran valor para Dios». «Como empresario ya no era un ciudadano de segunda clase…Ni tuve que abandonar mis convicciones cristianas ni mis valores bíblicos a la puerta de la oficina cuando llegaba al trabajo los lunes por la mañana».[16] Esta misma experiencia liberadora puede ser nuestra si ponemos a un lado la mentalidad dividida y abrazamos una vida holística.

APLICACIÓN PERSONAL

Démosle todo a Dios

Uno se hace discípulo de Cristo mediante la decisión intencional de querer serlo. No sucede por azar. Tal vez usted nunca haya decidido intencionalmente seguir a Cristo con todo lo que es, todo lo que tiene y todo lo que hace. O tal vez desee renovar el voto que hizo en el pasado. He aquí algunas sugerencias para dar el siguiente paso:

1. Escoja un tiempo en el que pueda apartarse a solas a un lugar tranquilo donde no pueda ser distraído. Tómese al menos dos horas para no actuar apresuradamente. Marque la fecha y la hora en su agenda y comprométase a cumplir lo que ha decidido.

2. Haga de esta una ocasión solemne. Vaya delante del Señor con humildad y confiese las áreas de su vida que aún

no le ha rendido. Sea específico y honesto por cuanto no le ha seguido con todo su ser.

3. Considere atentamente los cambios que debe de hacer para seguir a Cristo con todo su ser. ¿Qué hábitos o costumbres no son compatibles con el seguir a Jesús? ¿Qué prioridades tiene que cambiar? Escriba estas cosas y ore al respecto.

4. Después de calcular el precio del discipulado, tome una decisión final. Pida a Dios que le dé fuerza por su Espíritu Santo.

5. Haga saber a los que le rodean, por ejemplo, a sus amigos íntimos o miembros de su familia, su firme decisión de seguir a Cristo.

Próxima sesión: Una *mentalidad holística*

SESIÓN 3

Una mentalidad holística

En la sesión anterior hemos examinado las consecuencias destructivas de tener mentes y vidas compartimentadas. Muchos cristianos viven hoy en dos mundos —el mundo «espiritual» de la fe y la iglesia y el mundo «secular» del trabajo y la vida cotidiana. Al dividir así sus vidas, reducen el cristianismo a una serie de reuniones religiosas y programas de iglesia. Su fe cristiana es atractiva en lo privado, pero irrelevante por lo que respecta a lo social, lo económico o lo político. Esta división sagrado-secular es tan común que cuando presenciamos una vida indivisa y totalmente dedicada a Cristo, nos sorprendemos. Tal vida fue la que llevó Abraham Kuyper, holandés del siglo XIX.

Hijo de un ministro cristiano, Kuyper nació el 29 de octubre de 1837. A los veintiún años siguió las pisadas de su padre y asistió al seminario; se doctoró en teología el 20 de septiembre de 1862. El verano siguiente a su graduación, se casó con Johanna Schaay, y la joven pareja se trasladó a la ciudad de

Beesd, donde Kuyper fue pastor de una pequeña iglesia de la localidad. Varios miembros de la congregación de Breesd eran cristianos comprometidos que confrontaron las doctrinas no bíblicas que Kuyper había asimilado en el seminario de teología liberal al que había asistido. También le cuestionaron sobre si tenía fe para ser salvo en Cristo. ¡Dios usó a aquellos amorosos y perseverantes miembros de iglesia para guiar a su pastor a las verdades sencillas de las Escrituras y a la fe en Cristo![1]

Como cristiano devoto, Kuyper procuró implantar la verdad de Dios en todas las áreas de su vida y en todo lo que hacía —e hizo mucho—. Fue político y estadista. Sirvió como miembro del parlamento y como primer ministro de los Países Bajos de 1901 a 1905. Fue líder nacional de la iglesia, teólogo y pastor. Fue promotor clave de la idea que actualmente se conoce con el nombre de «cosmovisión». Fue educador y fundador de la importante Universidad Libre de Ámsterdam, que cuenta actualmente con unos catorce mil estudiantes. Hasta los 82 años fue periodista y editor de dos diarios, *El Heraldo y El Estándar*. Fue marido devoto y padre de dos hijas y cinco hijos. Su fe cristiana impregnaba todas las áreas de su vida. Proporcionaba continuidad, integridad y dinamismo a todo lo que hacía. Abraham Kuyper era un hombre movido por una mente holística.

¿Qué es lo que movía a Kuyper? Él persiguió apasionadamente una vida totalmente comprometida con el señorío de Jesucristo en todas las cosas. «Un deseo ha sido la pasión dominante de mi vida —dijo Kuyper—, que a pesar de toda la oposición mundana, los santos decretos de Dios vuelvan a ser establecidos en el hogar, la escuela y el estado para provecho del pueblo… hasta que la nación vuelva a rendir homenaje a Dios».[2]

Para Kuyper, el señorío de Jesús cubría la teología, las artes, la política, la ciencia, individuos e instituciones enteras. Servir a Jesús entraña necesariamente sumisión a su señorío en todas las esferas de actividad y de pensamiento».[3] Kuyper concibió el cristianismo como una concepción total del mundo y la vida, no solamente como un sistema espiritual o teológico. Una de sus citas más famosas refleja este sistema de creencias completamente centrado en Cristo: «No hay ni un solo centímetro cuadrado en el universo sobre el que el rey Jesús no reclame pertenencia a su "señorío"».[4] Esta convicción condujo a Kuyper a dejar su labor de pastor para dedicarse a la literatura, la política y la educación. En cada una de estas áreas él basó su actividad en la palabra revelada de Dios y se dedicó a descubrir y aplicar los principios bíblicos que las sustentan. «La majestad y la soberanía de Dios exigen creer en la Palabra de Dios —proclamó—, no por lo que dice, sino porque es su Palabra, no porque creamos que es hermosa y verdadera, sino porque Él la ha declarado».[5]

PALABRAS CLAVE

Una vida íntegra

Dicotomía

La dicotomía remite a la división de algo en dos o más categorías mutuamente excluyentes. En esta sesión, usamos esta palabra para definir un estilo de vida en el que sus diversas partes (vida familiar, trabajo, fe, etc.) están separadas en categorías entre sí excluyentes. Es una vida *dividida*, opuesta a un estilo de vida holística.

Integrar

Integrar es coordinar, o mezclar dos o más cosas en un todo.

Integridad

Integridad es el estado de un ser total o indiviso. Deriva de *integrar*, palabra que a su vez deriva de íntegro, «una entidad completa». Se suele definir con ella una cualidad de carácter marcada por la honestidad y la incorruptibilidad. En esta sesión, equipararemos una vida holística a una vida íntegra (o caracterizada por la integridad).

Sumisión

La raíz de la palabra *sumisión* significa rendirse a una autoridad o gobierno. La sumisión es un acto de cesión o rendición a una autoridad. Como cristianos, nuestra autoridad última es Dios y su voluntad o intención, revelada en las Escrituras. La vida de Jesús es nuestro modelo de sumisión. Él dijo: «Hago exactamente lo que él me ha ordenado que haga» (Juan 14:31).

VERSÍCULOS CLAVE

Todo para Dios

> En conclusión, ya sea que coman o beban o hagan cualquier otra cosa, háganlo todo para la gloria de Dios.
>
> —*1 Corintios 10:31*

> Y todo lo que hagan, de palabra o de obra, háganlo en el nombre del Señor Jesús, dando gracias a Dios el Padre por medio de él.
>
> —*Colosenses 3:17*

1. ¿Qué diferencia y similitudes hay entre estos dos versículos?

____

____

2. ¿Qué hemos de hacer para la gloria de Dios? ¿Qué hemos de hacer en el nombre del Señor Jesús?

____

____

3. ¿De qué manera los ejemplos «comer y beber» refuerzan el punto de vista de Pablo en 1 Corintios 10:31?

___

___

4. Lea 1 Corintios 10:23-31. En el versículo 26, Pablo cita el Salmo 24:1: «Del Señor es la tierra y todo cuanto hay en ella». ¿Cómo resalta este versículo la amonestación de Pablo en el versículo 31?

___

___

INTUICIONES BÍBLICAS

Hagamos todo para la gloria de Dios

En la introducción a esta sesión dijimos que Abraham Kuyper vivió con una mentalidad holística. ¿Qué quiere ello decir? Refresquemos, en primer lugar, la definición del concepto de holismo.

Holismo es la idea de que las partes deben ser entendidas en relación con el todo. Ver algo *holísticamente* es ver su todo y la interdependencia de sus partes. Es posible aplicar este concepto a la manera de vivir. La vida consta de muchas partes. Considere cómo pasa su tiempo en el transcurso de un día o una semana típicos. ¿Qué funciones distintas desempeña? ¿Qué tareas distintas lleva a cabo? Esos roles pueden ser el de marido o esposa, padre o madre, patrón o empleado, subordinado, líder, miembro de iglesia y ciudadano. Su día puede estar dividido entre tiempo y trabajo, tiempo con la familia, tiempo en la iglesia, tiempo de desplazamiento hacia y desde distintas actividades, y algún tiempo personal dedicado a descansar, leer, comer, beber o hacer ejercicio. Todos esos roles y tareas representan distintas parcelas de la vida. El holismo consiste en ver la conexión entre las diversas tareas y funciones. Consiste en contemplar la totalidad de su vida que sostiene las partes unidas y les da sentido y propósito.

Como seguidores de Jesús, reconocemos que Él es Señor de todo. Si Él es Señor de todo, ha de ser Señor de cada parte de nuestra vida. Como declara Colosenses 1:18, Él debe tener «supremacía» en «todas las cosas». Por eso el apóstol Pablo nos exhorta a «hacer todas las cosas para la gloria de Dios» (1 Co 10:31), y a «hacerlo todo en el nombre del Señor Jesús (Col 3:17). Esta es la «totalidad» que cohesiona nuestra vida. Una vida holística se vive en completa sumisión a Dios, no sólo por lo que toca a las cosas «espirituales», sino en todo. Si mi compromiso con el Señor Jesús ocupa el centro de todo lo que hago, mi vida tiene integridad. Mi fe une las partes de mi vida en un todo mayor, en el que cada parte da gloria a Dios. Jesús vivió de esa manera, y su vida fue el primer ejemplo para todas las gentes que han existido a través de la historia, como para Abraham Kuyper. Dios desea que todos vivamos holísticamente y con integridad.

La integración de la fe y la vocación

La idea de vivir holísticamente puede resultar más fácil de comprender que de vivir. Podemos caer en la trampa de compartimentar nuestra vida y aplicar la sabiduría y los principios que contiene la Biblia a algunas partes de nuestra vida y no a otras.

Una parte que solemos separar de la fe es el trabajo o la vocación. Este es un problema que ha asolado a la iglesia por siglos. Antes de la Reforma, la Iglesia Católica consideraba el trabajo de los laicos inferior al de los sacerdotes y los monjes. Martin Lutero confrontó directamente esta creencia en su folleto «La cautividad babilónica de la iglesia».

> La obra de los monjes y los sacerdotes, por muy sagrada y ardua que sea, no difiere ni un ápice a los ojos de Dios de la del campesino o la mujer que realiza sus tareas del hogar…Todo trabajo debe ser evaluado delante de Dios sólo por fe…Ciertamente, el trabajo manual de un criado o doncella suele ser más aceptable para Dios que todos los ayunos y demás obras piadosas de un monje o sacerdote, cuando al monje o sacerdote le falta fe.[6]

Según Lutero, si hacemos nuestro trabajo a la luz de nuestra fe y para la gloria de Dios, no hemos de considerarlo menos espiritual que la labor de los pastores, sacerdotes u otros obreros religiosos. Dios es el Señor de toda la vida. Es el Señor de la devoción personal, la vida de la iglesia y la misión, y también Señor de la empresa, las artes y la ciencia. En tanto en cuanto nuestro trabajo sea moralmente aceptable para Dios, ha de ser hecho por fe y para su gloria.

La Biblia no se limita a instruir sobre temas «espirituales», como la redención y la vida eterna; su sabiduría y sus principios se aplican a todas las esferas de la vida, e incluso a la manera en que pensamos y llevamos a cabo el trabajo que hacemos. Por ejemplo, la Biblia proporciona al granjero cristiano un marco conceptual para la práctica de la agricultura: Dios, Creador del universo físico, concedió a los seres humanos dominio sobre la tierra y les encargó la tarea de cuidar de su creación (Gn 1). En las Escrituras podemos descubrir principios divinos para el cultivo y la mayordomía directamente relacionados con la agricultura. Y lo mismo es aplicable a otras esferas vocacionales, como la empresa, el gobierno, la salud, las artes y la educación.

Desde esta perspectiva, nuestro trabajo es un medio fundamental a través del que servimos a Cristo y propagamos su reino. Según el pastor Grover Gunn: «Toda ocupación válida ofrece oportunidades especiales para someterse a Dios. El legislador cristiano puede reconocer la ley de Dios como ley suprema. El educador cristiano puede enseñar que todos los tesoros de la sabiduría y el conocimiento están escondidos en Cristo. El empresario cristiano puede dirigir su negocio con honestidad e integridad. El médico cristiano puede respetar la santidad de la vida humana. El agricultor cristiano puede tratar respetuosamente la tierra de Dios mientras se esfuerza por producir en abundancia».[7] Además, dado que Jesús es nuestro «jefe» supremo, hemos de hacer nuestro trabajo para *Él* —con excelencia y de una manera que le agrade—. «Hagan lo que hagan, trabajen de buena gana, como para el Señor y no como para nadie en este mundo, conscientes de que el Señor los recompensará con la herencia. Ustedes sirven a Cristo el Señor» (Col 3:23-24). Nuestro trabajo es importante para Dios, aunque sólo sea porque pasamos muchas horas de vigilia realizándolo. Es posible que la mayor confesión que hacemos en nuestra vida por la causa de Cristo —para bien o para mal— sea la manera en que trabajamos.

Integración de fe y familia

Otra parte de la vida que suele separarse de la fe y el servicio al Señor es la interacción con la familia. No obstante, si nos esforzamos por vivir holísticamente, nos preguntaremos ¿cómo puedo glorificar a Dios en mi vida familiar? ¿Cómo puedo glorificar a Dios como padre, esposo, hermano o hijo? ¿Cómo puede mi familia dar gloria a Dios? En vez de fijarnos en la cultura circundante, debemos acudir a la Biblia para ver cómo funciona la familia que Dios ha diseñado.

La Biblia proporciona instrucción específica sobre cómo debemos funcionar como familia para dar gloria a Dios (véase Dt 11:18-21; Pr 13:24; Ef 5:22-6:4; 1 P 3:1-7). Damos gloria a Dios cuando obedecemos sus mandamientos en el ámbito de la vida familiar. Y cuando obedecemos, no sólo avanza el reino de Dios en nuestra familia, sino que nuestra familia se convierte en un instrumento poderoso en manos de Dios para extender su reino en nuestras comunidades y naciones. El pastor Gunn declara que la familia nos proporciona

> la primera y principal oportunidad de someternos a la autoridad de Dios. El marido debe dirigir a su esposa con amor sacrificado y la esposa debe someterse a su marido con respetuosa obediencia. Los padres deben proporcionar a sus hijos la estructura liberadora de la disciplina y los hijos deben honrar y obedecer a sus padres… La familia debe ser el reino micro-cósmico donde el padre piadoso proclama: «Por mi parte, mi familia y yo serviremos al Señor» (Jos 24:15).[8]

Integración de la fe y el todo

Cuando uno desea glorificar a Dios en todas las áreas de su vida, incluso en las sencillas tareas diarias como comer y beber, toda su vida está llena de propósito y dinamismo. Incluso las tareas manuales revisten importancia y dignidad. Su vida ya no se divide en actividades «espirituales» y «seculares». En vez de ello, la verdad de Dios se integra en cada área de la vida.

Los reformadores europeos del siglo XVI usaron una sencilla locución latina para captar esta importante perspectiva: *coram Deo*, que significa «ante el rostro de Dios». Para los cristianos de esa generación, cada momento y cada tarea era vivida ante el rostro de Dios, bajo su autoridad y para su gloria. Ellos entendieron que Jesús tenía derecho a su plena devoción, ya estuvieran dando culto en la iglesia, preparando una comida, arando un campo, ejerciendo leyes, predicando el evangelio o alimentando al hambriento. Os Guinnes *ha escrito*: «Lutero declaró que Dios y los ángeles sonríen cuando un hombre cambia un pañal. William Tyndale dijo que si deseamos agradar a Dios, regar, fregar platos, remendar zapatos y predicar la Palabra "es todo ello la misma cosa". William Perkins aseguró que lustrar zapatos es una actividad santa y sagrada. El obispo Thomas Becon recordó que nuestro Salvador Jesucristo fue carpintero. Sus apóstoles fueron pescadores. Pablo fue hacedor de tiendas».[9] Cuando una persona tiene una mentalidad holística —cuando Jesús es Señor de todos los aspectos de su vida—, entonces el trabajo cotidiano cobra dignidad e importancia.

PREGUNTAS DE DESCUBRIMIENTO

Sumisión al señorío de Cristo

Para llevar una vida holísticas es necesario someterse gozosamente al señorío de Cristo. Abra su Biblia para leer más acerca del reino envolvente de Cristo sobre todas las cosas —incluso su vida.

1. Comience leyendo el Salmo 24:1. ¿Qué revela este versículo acerca de Dios y su creación?

2. Lea Isaías 6:1-3. Describa la visión de Isaías. ¿Qué revela esta visión acerca de Dios y la tierra?

3. Lea Daniel 4:34-35. Describa lo que concluye el rey Nabucodonosor acerca de Dios.

4. Lea Mateo 28:18. ¿Sobre qué y sobre quién ejerce Jesús autoridad? ¿Ejerce Él su autoridad en el presente?

5. El Nuevo Testamento deja claro que Jesús es rey sobre toda la creación, no sólo en el futuro cuando Él regrese, sino también hoy. Sin embargo, vivimos en un mundo caído en el que muchos no reconocen su señorío y su autoridad. ¿Cómo nos ayuda a entender esto la parábola que contó Jesús sobre el trigo y la mala hierba, en Mateo 13:24-29, 36-40?

6. Lea 1 Corintios 6:19-20. ¿Quién nos «adquirió»?

7. Lea Juan 3:16 y 1 Pedro 1:18-19. ¿Qué preció pagó Dios y pagó Jesús para adquirirnos?

8. Lea Romanos 12:1 ¿Qué respuesta debemos dar a quien así se sacrificó por nosotros? En sus propias palabras, defina qué significa ser un «sacrificio vivo».

9. Lea Juan 14:31. Describa la relación entre Jesús y el Padre. ¿Caracterizaría usted su relación con Dios en los mismos términos? ¿Por qué o por qué no?

___

___

___

PUNTOS PARA RECORDAR

Repaso de una vida holística

1. Una vida holística implica ver las partes de la vida y nuestras funciones a la luz de un todo mayor. Como cristianos, nuestra devoción a Jesús proporciona este todo superior. Si vivimos a la luz del señorío de Cristo, nuestra vida reflejará integridad y plenitud.

2. Una de las partes más importantes de la vida es el trabajo o la vocación. Cuando Jesús es Señor de nuestra vocación ésta pasa a ser un medio principal a través del cual servimos a Cristo. Toda ocupación válida ofrece oportunidades especiales de someterse a Dios y extender su reino.

3. Otra importante faceta de la vida es la familia. La Biblia nos proporciona principios para funcionar como familias que dan gloria a Dios. Por medio de la obediencia a Dios, las familias pueden extender el reino de Dios en sus comunidades y naciones.

4. Cuando uno vive holísticamente, todo lo que hace está lleno de importancia y dignidad. Incluso las sencillas tareas cotidianas, si se hacen con fe, adoptan un nuevo sentido de propósito y dinamismo.

PENSAMIENTOS FINALES

Vivir la aventura

Dios es el Hacedor del universo y de todo lo que en él hay. Como criaturas suyas hemos de vivir en un mundo inclusivo, indiviso entre los ámbitos «espiritual» y «secular», donde se aplica o no se aplica la fe. Debemos de vivir bajo el señorío de Cristo. Debemos de vivir *coram Deo*, ante el rostro de Dios. E. Stanley Jones (1884-1973), personaje prominente y misionero a la India, expuso vigorosamente cuán excitante puede ser la vida dedicada en su plenitud a Cristo y su reino. Dijo que la persona que vive *coram Deo*,

> ve claramente que Dios… actúa con él y en él y le respalda. Ve que Dios actúa en todas partes. El universo se vivifica con Dios —todo arbusto se inflama con Él, todo suceso se colma de destino, la vida se torna una aventura emocionante con Dios—. Le ves actuar contigo, en los acontecimientos, en el universo. Él habla contigo, te guía. Trabajas en el mismo negocio, en la misma ocupación: el Reino. Y es el negocio y la ocupación más emocionante, más excitante que hay en el mundo. Todo lo demás es insustancial… e insípido. Aquí uno trabaja en el empleo más eminente, a la mayor escala, se dedica a la tarea más digna, la que más fruto produce: el reino de Dios en la tierra.[10]

Dallas Willard lo define de la siguiente manera: «Jesús vino a nosotros para mostrarnos y enseñarnos la vida para la que fuimos creados… Dependiendo de su palabra y de su presencia nos capacitamos para reintegrar el pequeño ámbito que constituye nuestra existencia en el dominio infinito de Dios… Envueltos en su dominio activo, nuestros hechos pasan a ser un elemento en la historia eterna de Dios».[11]

APLICACIÓN PERSONAL

Me rindo por completo

Para los seguidores de Cristo no puede haber nada más importante que la integridad que representa vivir toda su vida en conformidad con la verdad revelada de Dios. Las siguientes preguntas pueden ayudarle a aplicar a su vida los principios de esta sesión.

1. ¿Cuál de las siguientes declaraciones define mejor su actual relación con Cristo?
   - ❖ Confío en Jesús sólo como mi Salvador. Tomo decisiones basándome en lo que creo que es mejor, aparte de mis creencias religiosas personales.
   - ❖ Confío en Jesús como mi Salvador y parcialmente como mi Señor. Le he dado control y autoridad sobre algunas áreas de mi vida, pero retengo el control sobre otras.
   - ❖ Confío en Jesús como mi Salvador y Señor. Procuro mostrarle una total devoción y someterme a su voluntad en todas las áreas de mi vida.

2. Tómese tiempo para considerar qué áreas de su vida entrega fácilmente al señorío de Cristo y qué áreas no. ¿Qué le impide a usted entregarle algunas áreas? Ore y pida a Dios que le ayude a soltar esas áreas y ponerlas bajo su control. Considere compartir esto con un creyente en quien confía para pedirle que él o ella oren por usted.

   ____

   ____

   ____

   ____

   ____

3. Las decisiones de la vida nos proporcionan oportunidades para reflexionar hasta qué punto Jesús es Señor de nuestra vida. Piense en decisiones importantes que usted haya tomado. ¿De qué manera influyó su relación con Cristo en el proceso que le guio a tomar decisiones? ¿Qué decisiones posibles le esperan en el futuro? ¿Cómo puede honrar a Jesús como Señor y Maestro al afrontarlas?

4. No sólo la fe en Cristo debe influir en las principales encrucijadas de la vida, sino que debe influir en todas y cada una de las tareas que emprendemos, no importa cuán pequeñas o inconsecuentes parezcan. Piense en las tareas diarias y mundanas que usted hace regularmente. ¿De qué manera hace esas tareas para la gloria de Dios?

Próxima sesión: *El ministerio holístico*

SESIÓN 4

El ministerio holístico

Cuando el inglés William Carey (1761-1834) desembarcó en la India en 1793, marcó un hito en la historia de la misión cristiana y en la historia de ese país. Carey estableció la misión de Serampore —primera misión protestante moderna en el mundo no anglófono—, cerca de Calcuta, el 10 de enero de 1800.[1] Desde esta base laboró más de tres décadas para esparcir el evangelio por todo el país. Al final, su triunfo fue espectacular. Mediante su inagotable amor por el pueblo indio y su incesante campaña contra «las fuerzas espirituales de maldad» (Ef 6:12), la India fue transformada. El historiador del continente asiático, Hugh Tinker, resume el impacto de Carey en la India de esta manera: «Y así, en Serampore, en la ribera del río Hugli, los elementos básicos modernos de Asia del Sur —la prensa, la universidad, la conciencia social— vieron la luz».[2] ¿Quién era William Carey? Él era exactamente esa clase de hombre en quien el Señor se deleita para llevar a cabo proezas;

es decir, la clase de persona que muchos de nosotros menos esperamos. Se crio en una pequeña localidad de la Inglaterra rural donde recibió escasa educación formal. Su principal fuente de ingresos le llegaba en forma de remuneración por su trabajo como zapatero remendón.

Tenía una apariencia desgarbada y rústica y había perdido casi todo el pelo en la infancia. Después de llegar a la India y a lo largo de los años que allí pasó, fue acosado por colonos británicos, abandonado por la agencia misionera que lo enviara, y sufrió la oposición de muchos misioneros reclutas más jóvenes enviados para ayudarle. A pesar de todos estos inconvenientes, Carey llegó a ser tal vez la persona más influyente en la principal avanzada del imperio británico.[3]

Carey no fue a la India meramente para fundar iglesias o clínicas de salud para los pobres. Fue movido por una visión más comprehensiva: discipular a toda la nación. «Carey vio la India no como un país extranjero a explotar, sino como tierra de su Padre celestial a la que había que amar y servir; una sociedad en la que la verdad, no la ignorancia, debía regir»[4] Él observó la tierra y se preguntó: «Si Jesús fuese Señor de la India, ¿qué aspecto ofrecería el país? ¿Qué sería distinto? Esta pregunta fijó su agenda y le animó a involucrarse en una notable variedad de actividades destinadas a glorificar a Dios y a extender su reino. A continuación destacamos algunos aspectos de la obra de Carey descritos en el valioso libro de Vishal y Ruth Mangalwadi *El legado de William Carey: Un modelo para la transformación de una cultura.*[5]

Carey se horrorizó al ver que se había consentido que la India, uno de los países más fértiles del mundo, se hubiera convertido en una jungla baldía y abandonada, propicia para las bestias salvajes y las serpientes. Por tanto, llevó a cabo un estudio agrícola sistemático y promovió la reforma de la agricultura. Introdujo el sistema de jardinería de Linneo y publicó los primeros textos de ciencia en dicho país. Hizo esto porque creía que la naturaleza fue declarada «buena» por su Creador; no es *maya* (ilusión) a esquivar, como creen los hinduistas, sino un objeto digno del estudio humano.

Carey introdujo la idea de las cajas de ahorro en la India para combatir el extendido mal social de la usura (préstamo a interés abusivo). Él creyó que Dios, por ser justo, aborrecía esta costumbre que hacía imposible la inversión, la industria, el comercio y el desarrollo económico.

Al sostener que el amor de Jesús se extendía a los leprosos, Carey fue el primero en promover el trato humanitario a las víctimas de la lepra en la India. Antes de eso, los leprosos se solían enterrar o quemar vivos debido a la creencia de que una muerte violenta purificaba el cuerpo en el camino a la reencarnación en otra existencia más sana.

Carey también fundó el primer periódico impreso en una lengua asiática porque él creía que «sobre toda forma de verdad y de fe el cristianismo invita al debate libre». Su diario en lengua inglesa, *Amigo de la India*, fue el motor que dio a luz el movimiento de reforma social del país en la primera mitad del siglo XIX.

Carey no tardó mucho en traducir la Biblia a más de cuarenta idiomas de la India. Elevó la lengua bengalí, previamente considerada «sólo apta para demonios y mujeres», a primera lengua literaria de la India. Escribió canciones evangélicas para encauzar el amor indio a la música al servicio de su Señor.

Fundó docenas de escuelas para niños indios de todas las castas y la primera universidad asiática. Deseaba desarrollar la mente india y librarla de las tinieblas y la superstición.

Fue el primer hombre que se levantó contra el cruel asesinato y la opresión generalizada de la mujer. Las mujeres de la India sufrían opresión bajo la poligamia, el infanticidio infantil, el matrimonio arreglado de niñas, la quema de viudas, la eutanasia y el analfabetismo impuesto —todos ellos sancionados por la religión—. Carey fundó escuelas para niñas. Cuando las viudas se convertían al cristianismo, las ayudaba a contraer matrimonio. Fue su persistente batalla de veinticinco años contra la quema de viudas (conocida como *sati*) lo que condujo finalmente a la prohibición formal de esa terrible plaga.

William Carey fue un pionero del movimiento cristiano moderno, movimiento que ha alcanzado desde entonces todos los rincones del mundo. Aunque fuera un hombre de origen humilde, aprovechó el genio que Dios le había concedido y todos los medios a su alcance para servir a su Creador e iluminar los oscuros rincones de la India con la luz de la verdad. Carey fue un pionero del ministerio holístico moderno.

PALABRAS CLAVE

El significado de ministerio

Ministerio

En el Nuevo Testamento, la palabra griega *diakonein* significa ministerio. Se usa para describir el servicio humilde y amoroso de los cristianos a la humanidad en general y a los hermanos cristianos en particular. Los ministerios son recursos divinos que cubren necesidades humanas a través de canales de amor para la gloria de Dios.

Sustancial

En esta sesión, *sustancial* hace referencia a lo que es en su mayor parte, pero no totalmente, completo. Por ejemplo, el testimonio de un testigo que ha presenciado un suceso puede ser sustancialmente preciso o completo; no obstante, es posible que él o ella se perdieran pequeños detalles. El reino de Dios aporta una sanidad sustancial a un mundo caído; es decir, produce una sanidad real e importante, pero una sanidad que será parcial e incompleta hasta el retorno de Cristo.

VERSÍCULOS CLAVE

Enseñanza, predicación y sanidad

> Jesús recorría toda Galilea, enseñando en las sinagogas, anunciando las buenas nuevas del reino, y sanando toda enfermedad y dolencia entre la gente.
>
> —*Mateo 4:23*

1. Mateo 4:23 proporciona una descripción concisa del ministerio de Jesús. ¿Cuáles son las tres partes del ministerio de Jesús que son relevantes en este versículo?

2. ¿Cuál es el ministerio *total* de Jesús al que contribuye cada parte? Véase Mateo 6:9-10.

3. Considere la relación entre las tres partes y el todo del ministerio de Jesús. ¿Es alguna parte innecesaria para

cumplir el todo? ¿Qué resultado produciría la remoción de una parte?

INTUICIONES BÍBLICAS

La gran agenda de Dios

El ministerio de William Carey en la India fue holístico. Para que algo sea holístico, debe constar de múltiples partes que contribuyen a una totalidad más grande. ¿Qué «todo» es ese al que contribuyen todas las actividades del ministerio cristiano? A través de un examen del ministerio temprano de Cristo, reconocemos que ese «todo» consiste en glorificar a Dios y extender su reino mediante el discipulado de las naciones (Mt 24:14; 28:18-20). Esta es la «gran agenda» de Dios, la tarea principal que Él desea cumplir por medio de su iglesia.

Si este es el todo, entonces, ¿cuáles son las partes? El Versículo clave de la página anterior, Mateo 4:23, resalta tres partes: *predicación*, *enseñanza* y *sanidad*. Puesto que estas tres partes son esenciales para el todo, examinemos cada una de ellas más detenidamente.

La predicación implica proclamar el evangelio —la amable invitación de Dios a todas las gentes para que vivan en su reino, reciban el perdón de sus pecados, renazcan espiritualmente y lleguen a ser hijos de Dios mediante la fe en Cristo—. La proclamación del evangelio es esencial para un ministerio holístico, ya que a menos que las personas perdidas y abatidas nazcan espiritualmente a una relación viva con Dios —que sean una «nueva creación» (2 Co 5:17)— todos los esfuerzos por darles esperanza, sanidad y transformación están condenados al fracaso. Todos los pueblos en todo lugar necesitan restaurar su relación con Dios.

La enseñanza asegura que se instruya a la gente en las verdades fundamentales de las Escrituras. Va asociada con el discipulado —ayudar a la gente a vivir en obediencia a Dios y su Palabra en todas las áreas de la vida—. Jesús encarga a sus discípulos (Mateo 28:20) que «enseñen [a las naciones] a obedecer todo lo que él les ha mandado». A menos que a los creyentes se les enseñe a *obedecer* los mandamientos de Cristo, su crecimiento se verá estorbado. Colosenses 3:16 afirma: «Que habite en ustedes la palabra de Cristo con toda su riqueza: instrúyanse y aconséjense unos a otros con toda sabiduría».

La sanidad acarrea la demostración tangible de la realidad presente del reino en medio de un mundo herido y desolado. Cuando vino Jesús, Él demostró la realidad presente del reino de Dios sanando a algunas personas. «Los ciegos ven, los cojos andan, los que tienen lepra son sanados, los sordos oyen, los muertos resucitan y a los pobres se les anuncian las buenas nuevas», es el informe que Jesús envía a su primo Juan el Bautista, contenido en Mateo 11:4-5. Jesús no sólo predicó las buenas nuevas, las demostró sanando todo tipo de dolencia. A menos que la evangelización y el discipulado vayan acompañados de ministración a las necesidades físicas de la gente, nuestro mensaje será hueco, débil e irrelevante. Esto es particularmente cierto donde la pobreza prevalece. El apóstol Juan advierte: «Si alguien que posee bienes materiales ve que su hermano está pasando necesidad, y no tiene compasión de él, ¿cómo se puede decir que el amor de Dios habita en él? Queridos hijos, no amemos de palabra ni de labios para afuera, sino con hechos y de verdad» (Juan 3:17-18).

He aquí una imagen de los elementos básicos de ministerio holístico bíblicamente equilibrado:

En primer lugar, hay varias partes —predicación, enseñanza y sanidad—. Estas partes tienen distintas funciones,

pero son inseparables. Todas ellas son esenciales para contribuir al todo, cual es glorificar a Dios y extender su reino. Por último, cada parte descansa sobre el cimiento firme de la cosmovisión bíblica. Es decir, cada una se concibe y se implementa a través de las premisas básicas de las Escrituras. En suma, la predicación, la enseñanza y la sanidad son tres partes inseparables del ministerio holístico, cuyo propósito es extender el reino de Dios «en la tierra como en el cielo» (Mateo 6:10).

Si estas partes no funcionan conjuntamente, sin ninguna separación, nuestro ministerio será menos de lo que Cristo desea, y carecerá de poder para transformar vidas y naciones.

Relaciones rotas

Para comprender la naturaleza y el propósito del ministerio holístico, es necesario entender dos conceptos. El primero es el impacto global de la rebelión espiritual de la humanidad. El segundo es que nuestro Dios amoroso y compasivo está desplegando en el presente su plan para redimir y restaurar todas las cosas quebradas en la Caída.

Cuando Adán y Eva dieron la espalda a Dios en el jardín del Edén (Gn 31:1-6), las consecuencias de su pecado fueron devastadoras y de gran alcance; afectaron al orden mismo del universo. Por lo menos cuatro relaciones fueron interrumpidas en la Caída. En primer lugar, la relación íntima de Adán y Eva con Dios quedó interrumpida (Gn 3:8-9). Esta es la relación prioritaria para la que habían sido creados, el aspecto más importante de sus vidas. Cuando su relación con Dios quedó interrumpida, sus otras relaciones también se deterioraron: la relación personal con uno mismo (Gn 3:7, 10), entre sí como seres humanos (Gn 3:7, 12, 16), y con el resto de la creación (Gn 3:17-19). El universo está intrincadamente diseñado y entretejido. Es holística, porque está compuesto de muchas partes, cada una de las cuales depende del adecuado funcionamiento de las otras. Todas las partes están gobernadas por leyes establecidas por Dios. Cuando la principal relación entre Dios y la humanidad se cortó, se vieron afectadas todas las partes que contribuían a la armonía original de la creación. Los efectos de esta devastación global han asediado a la humanidad desde entonces. Guerras, violencia, degradación medioambiental, injusticia, corrupción, idolatría, pobreza y hambrunas, derivan todas ellas del pecado.

Así pues, cuando Dios decidió restaurar su creación de los efectos globales de la rebelión del hombre, su plan redentor no podía ser pequeño o estrecho y centrarse exclusivamente en una sola área arruinada. Su plan no se limita a salvar almas humanas o a enseñar o sanar. Más bien, combina las tres con el objetivo de restaurar todas las cosas, también las cuatro relaciones rotas antes mencionadas. Colosenses 1:19-20 proporciona una imagen del plan redentor, holístico de Dios: «Porque a Dios le agradó habitar en él [Cristo] con toda su plenitud y, por medio de él, reconciliar consigo todas las cosas, tanto las que están en la tierra como las que están en el cielo, haciendo la paz mediante la sangre que derramó en la cruz».

Dios está redimiendo todas las cosas. Mediante la sangre de Jesús, derramada en la cruz, nuestros pecados son perdonados, y nuestra comunión con Dios, renovada. Y no sólo eso —también podemos experimentar sanidad sustancial en nosotros mismos, con relación a otros y con el medio ambiente. El evangelio no sólo son buenas nuevas para después de la muerte; ¡son buenas noticias aquí y ahora!

Ministros de reconciliación

La tarea de la iglesia consiste en sumarse a la gran agenda de Dios para restaurar todas las cosas. Somos «embajadores de Cristo», llamados a ejercer un «ministerio de reconciliación» (véase 2 Co 5:18-20). En palabras del apologeta cristiano Francis Schaeffer, deberíamos operar «sobre la base de la obra acabada de Cristo... para obtener una sanidad sustancial en todas las áreas fracturadas por causa de la Caída».[6] Para lograr esto, debemos antes creer que tal sanidad *puede* ser una realidad aquí y ahora, en todos los aspectos, sobre la base de la obra acabada de Cristo. Esta sanidad no será perfecta o completa antes del retorno de Cristo, pero puede ser real, evidente y sustancial.

La predicación, la enseñanza y la sanidad sustancial en todas las áreas desoladas como consecuencia de la Caída —en esencia, ministerio holístico— fue el objetivo que siguió Cristo, el cual modeló para nosotros en la tierra. Fue la visión que fijó la agenda de William Carey en la India. Y es el objetivo que debe fijar la agenda de nuestro ministerio.

PREGUNTAS DE DESCUBRIMIENTO

Sanidad para el quebranto

Para entender mejor el ministerio holístico, abra su Biblia y estudie los siguientes pasajes:

1. Génesis 1:26-2:25 proporciona un relato de la obra de Dios en la creación. En este pasaje descubrimos que Dios creó a la humanidad para vivir en el contexto de, al menos, tres relaciones básicas, que se pueden clasificar en una relación principal y dos relaciones secundarias. En Génesis 1:26-27, ¿cuál es la relación principal? ¿Por qué se define como relación principal?

2. Según Génesis 1:26-27, ¿cuál es la respuesta bíblica a las cuestiones humanas básicas: «quién soy yo», y «qué significa ser humano»?

3. ¿Qué relación secundaria se descubre en Génesis 2:18, 20b-25?

4. ¿Qué relación secundaria se encuentra en Génesis 1:26, 28-30?

5. Lea Génesis 3:8-10. ¿Qué indican estos versículos acerca de la relación principal de Adán y Eva con Dios? ¿Qué consecuencias de esto ve usted hoy en el mundo que le rodea?

6. Lea Génesis 3:11-13, 16-19. ¿Qué sucedió a la relación secundaria de Adán y Eva después que su relación con Dios quedó interrumpida? ¿Qué consecuencias de esto constata usted en el mundo actual? Consulte también Romanos 8:19-21.

7. Lea Colosenses 1:19-20. ¿Cómo responde Dios al deterioro global del mundo? Según este pasaje, ¿por qué murió Jesús en la cruz?

8. Según 2 Corintios 5:18-20, ¿cuál es nuestro rol como cristianos en el plan redentor de Dios?

9. Lea 2 Timoteo 4:2 y 1 Juan 3:11, 16-18. ¿Qué cosas específicas podemos hacer para cumplir nuestra parte en el plan de Dios?

10. Examine Isaías 25:6-8 y Apocalipsis 21:1-5. ¿Se cumplirá el plan redentor de Dios? Mencione las clases de sanidad que tendrán lugar en las relaciones rotas en la Caída (Dios con el hombre, el hombre con el hombre y el hombre con la creación).

PUNTOS PARA RECORDAR

Repaso del ministerio holístico

1. El «todo» del ministerio cristiano es la extensión del reino de Dios y el discipulado de las naciones. Las partes son la predicación, la enseñanza y la sanidad.

2. Si estas tres partes no funcionan conjuntamente desde la base de una cosmovisión bíblica, nuestro ministerio será menos de lo que Cristo desea y carecerá de poder para transformar vidas y comunidades.

3. Para comprender el ministerio holístico es preciso reconocer el impacto global de la Caída y la gran agenda de Dios en la historia para redimir todas las cosas arruinadas con motivo de dicha Caída.

4. Cuatro relaciones fundamentales se interrumpieron con ocasión de la Caída: (1) la relación entre Dios y los hombres, (2) la relación de las personas consigo mismas, (3) la relación entre los seres humanos, y (4) la relación entre los seres humanos y el medio ambiente.

5. El plan redentor de Dios es comprehensivo e incluye la restauración y la sanidad de todas las cosas arruinadas con motivo de la Caída, como también las cuatro relaciones fundamentales.

PENSAMIENTOS FINALES

Separadas en la función, inseparables en la relación

Cuando Jesús envió a sus discípulos en su primer viaje misionero, «los envió a predicar el reino de Dios y a sanar a los enfermos» (Lucas 9:2). No obstante, los ministerios cristianos actuales suelen separar los componentes ministeriales. Algunos se centran exclusivamente en la predicación, la evangelización o la fundación de iglesias, mientras que otros se centran en cubrir las necesidades físicas de los pobres y necesitados. Normalmente estos dos grupos tienen poca interacción entre sí. Cristo no deseó esta división. Al enfocarse en uno con exclusión del otro, los ministerios quedan limitados y son ineficaces para acarrear verdadera y duradera transformación.

La Biblia proporciona un modelo de ministerio en el que la predicación, la enseñanza y la sanidad actúan, en palabras del Dr. Tetsunao Yamamori, «separadas en su función, pero inseparables en su relación».[7] Cada parte es distinta y merece especial atención y enfoque. Pero las partes deben funcionar conjuntamente. Juntas forman un ministerio holístico potente y eficaz: un ministerio capaz de transformar vidas y naciones enteras. La obra de William Carey en la India da testimonio histórico de este hecho. Según el teólogo David Wells, la predicación, la enseñanza y la sanidad deben estar «inextricablemente relacionadas entre sí, siendo la primera el fundamento, y la última, la evidencia de la operación de la primera».[8]

APLICACIÓN PERSONAL

El Cuerpo de Cristo

El apóstol Pablo enseñó que la iglesia es el cuerpo de Cristo y que cada parte del cuerpo depende de las otras partes para que el todo funcione como Dios desea (Ro 12:4-8). Estas partes son dones espirituales, destrezas e intereses, muchos de los cuales corresponden a los tres elementos esenciales del ministerio holístico que hemos examinado en esta sesión: predicación (evangelización), enseñanza (discipulado), y sanidad (ministerio práctico y compasivo a los pobres y abatidos). Use las siguientes preguntas para examinar el ministerio holístico.

1. Lea Romanos 12:6-8. ¿Qué dones en este pasaje tienen relación con la predicación, la enseñanza y la sanidad?

2. Ponga un ejemplo de cristianos con distintos dones que cooperaron en un ministerio holístico. ¿Qué impacto provocaron?

3. Ponga un ejemplo de una empresa ministerial que no haya sido holística. ¿Qué partes le faltaban? ¿Qué fruto produjo?

4. ¿Cree usted que el concepto de ministerio holístico es generalmente entendido por los cristianos? Si es así, ¿es ampliamente practicado? Si no, ¿por qué no?

5. De las tres áreas básicas del ministerio holístico (predicación, enseñanza y ministerio práctico), ¿para cuál de ellos cree usted que Dios le ha equipado mejor?

6. ¿Qué está usted haciendo actualmente para ejercitar sus dones? ¿Lo hace de una manera que refleje un ministerio holístico? ¿Qué pasos concretos pueden ayudarle a conseguir que su empresa ministerial sea más holística?

Próxima sesión: *Obstáculos en el ministerio holístico.*

SESIÓN 5

Obstáculos en el ministerio holístico

Nacida en el seno de una rica familia presbiteriana de Irlanda del Norte, Amy Carmichael (1867-1951) fue una de las misioneras más famosas de la primera mitad del siglo XX. Su ministerio la llevó primero a Japón, después a Sri Lanka (Ceilán por aquel entonces), y finalmente a Dohnavur, sur de la India. Cuando Amy llegó a la India, el asesinato de viudas por inmolación había sido legalmente prohibido gracias al tenaz esfuerzo del misionero pionero británico William Carey. No obstante, Carmichael se horrorizó al descubrir que el aborto ritual y el infanticidio femenino eran aún prácticas comunes. También, muchas jóvenes eran vendidas a templos paganos y dedicadas a la prostitución idolátrica.

A los pocos años de su llegada a la India, Carmichael había establecido un ministerio para proteger y albergar a esas niñas. Y aunque tuvo que sufrir la persecución de varias sectas hinduistas y la resistencia burocrática del gobierno colonial británico, levantó un ministerio eficaz y dinámico reconocido por su coraje y su compasión. Tristemente, muchos de sus colegas misioneros en la India creyeron que su esfuerzo por construir un orfanato y una escuela eran «actividades mundanas» que la distraían de la «salvación de las almas». A tales acusaciones ella respondía sencillamente: «Las almas están firmemente unidas a sus cuerpos».[1]

La reacción negativa de los colegas misioneros de Carmichael ante el esfuerzo de ésta por cuidar de las mujeres indias pone de relieve una disputa que ha desgarrado la iglesia por más de un siglo. Amy formó parte del histórico movimiento misionero que desplegó cientos de misioneros europeos y estadounidenses por todos los continentes de la tierra. Esos misioneros lograron establecer millones de iglesias, pero muchos de ellos creían que la evangelización debía ser la meta exclusiva del ministerio. El esfuerzo realizado para ofrecer ayuda a los pobres, o promover reformas congruentes con la verdad bíblica, se recibía con suspicacia, como actividades que los cristianos debían evitar o dar baja prioridad.

Muchos misioneros del siglo XIX y XX reaccionaron contra un movimiento creciente —a veces denominado «evangelio social»— que abandonó la enseñanza bíblica de la pecaminosidad del hombre y la necesidad de redención espiritual. Muchos de sus adeptos creían que el reino de Dios se podía instaurar en la tierra a través de esfuerzos humanos, fundamentalmente, implementando proyectos patrocinados por los gobiernos y reformas sociales progresivas. Para los que formaban parte de este movimiento, la evangelización (llamada peyorativamente «proselitismo») era impertinencia, insensibilidad y, en última instancia, innecesaria. En palabras del periodista estadounidense y propulsor del evangelio social, Horace Greeley, «el corazón del hombre no es depravado…

sus pasiones no le arrastran a cometer el mal, y por lo tanto, no produce mal a través de sus actos».[2]

Amy Carmichael procuró desarrollar un ministerio holístico bíblicamente equilibrado y, al hacerlo, se vio inmersa en un gran debate. Por una parte estaban los que, como sus colegas misioneros, creían que la evangelización por sí sola debía definir la misión de la iglesia. Otros, como Horace Greeley, ya no creían en la necesidad de evangelizar, arguyendo que los humanos eran dueños de su propio destino y que la reorganización social era clave para establecer el reino de Dios. El perdedor en este debate fue la concepción bíblica del ministerio holístico que Amy Carmichael entendía y practicaba, y a consecuencia de ello el ministerio de la iglesia se debilitó gravemente. La obra ministerial fragmentada, dividida y, desde luego, no bíblica sigue siendo común hoy. Estos esfuerzos, en muchos casos, son incapaces de producir una transformación duradera en pueblos y naciones. (Para más antecedentes sobre las raíces históricas de este conflicto, consúltese en el apéndice «A Brief History of the Divided Mind and Life» —Una historia breve de la vida y la mente divididas.)

PALABRAS CLAVE

Falsos fundamentos

Gnosticismo

Enraizado en la filosofía griega, y cultivado por varias sectas próximas al cristianismo primitivo, el *gnosticismo* es un sistema de creencias que divide la materia y el espíritu, y considera el ámbito material como ilusorio y maligno. Para los gnósticos, la salvación se alcanzaba mediante la adquisición de conocimiento espiritual (la palabra raíz: gnosis, significa «conocimiento»), que liberaría el espíritu del cuerpo. El gnosticismo se oponía directamente a la cosmovisión bíblica, que sostiene que el mundo material —y por supuesto, el cuerpo humano— es bueno por sí mismo. Los primeros gnósticos se escandalizaban de la doctrina de la encarnación, Dios en carne humana. Por cuanto modificaban o rechazaban dogmas básicos de la fe bíblica, fueron declarados herejes por la iglesia primitiva. No obstante, algunas asunciones gnósticas acerca del mundo material siguen importunando hoy a la iglesia.

Proselitismo

Actualmente, la palabra *proselitismo* significa generalmente actuar o inducir a alguien para que se convierta a cierta creencia mediante coacción directa o indirecta.

Materialismo

El materialismo es un sistema de creencias que sostiene que toda la realidad se puede reducir a lo físico o material, por lo que excluye el ámbito espiritual o sobrenatural. No hay Dios ni dioses, ni espíritu, ni alma. Este sistema de creencias se denomina también naturalismo o secularismo.

VERSÍCULOS CLAVE

Uno, el otro, o ambos

> Te doy este solemne encargo: Predica la Palabra; persiste en hacerlo, sea o no sea oportuno; corrige, reprende y anima con mucha paciencia, sin dejar de enseñar.
>
> *—2 Timoteo 4:1-2*

> Queridos hijos, no amemos de palabra ni de labios para afuera, sino con hechos y de verdad.
>
> *—1 Juan 3:18*

1. ¿Cuáles son los dos componentes del ministerio que se esbozan en estos versículos?

___

___

2. ¿Contra qué advirtió el apóstol Juan?

___

___

3. ¿Qué sucede a un ministerio cuando uno u otro componente se descuida?

___

___

INTUICIONES BÍBLICAS

Tres obstáculos

La misma resistencia que Amy Carmichael tuvo que vencer de sus colegas misioneros sigue presente entre nosotros: un conflicto que ha desgarrado la iglesia de nuestra generación respecto a la naturaleza de su ministerio en el mundo. Cuando el esfuerzo del ministerio cristiano se compartimenta, se pierde el todo al que las partes contribuyen —glorificar a Dios y extender su reino—. Hay tres obstáculos que se oponen a un ministerio cristiano equilibrado, holístico.

Énfasis excesivo en la evangelización

Muchos cristianos actuales dan prioridad a evangelizar, predicar el evangelio a los paganos y fundar iglesias. Estas actividades son esenciales para el ministerio bíblico, no obstante, sólo son parte de un todo mayor. Al centrarse exclusivamente en la evangelización y la fundación de iglesias algunos cristianos miran a los nuevos conversos y a las nuevas iglesias como un fin en sí mismo. En realidad, estas cosas son medios para un fin más grande: la transformación de las naciones y el avance del reino de Dios. Cuando se oyen testimonios de nuevos conversos y nuevas iglesias fundadas, debemos alabar a Dios y afirmar su obra. Pero también deberíamos preguntarnos: ¿vislumbran ellos el plan de Dios para sus vidas, sus familias y sus naciones? ¿Entienden ellos su papel estratégico para generar transformación social? ¿O descuidarán el ministerio a los pobres y angustiados y se aislarán de la vida pública?

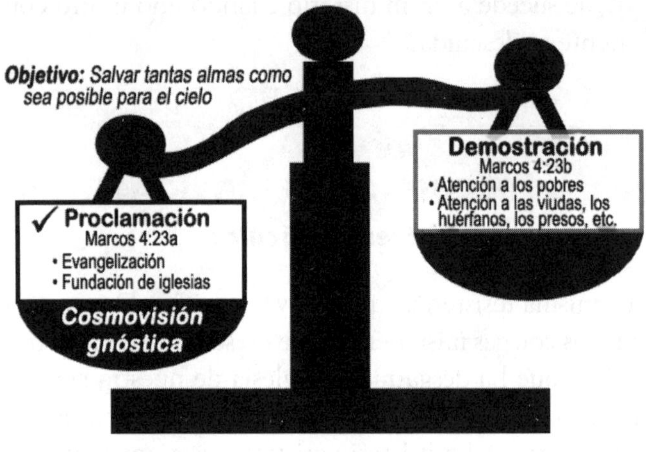

La evangelización no tenía por objeto separarse del discipulado, la atención al necesitado y la transformación social. John Stott, conocido experto bíblico británico, observó que en muchas partes del mundo la iglesia se caracteriza hoy por la superficialidad. El estado de cosas en el cristianismo actual es extraño, trágico y encierra una inquietante paradoja. En algunos lugares, la iglesia está creciendo rápidamente, pero pese a ello, el problema es que tal crecimiento carece de profundidad».[3] ¿Por qué es esto así? ¿No será que hemos abandonado inadvertidamente una cosmovisión bíblica en pro de asunciones gnósticas contrarias al holismo y al ministerio holístico? Si es así, debemos regresar a una cosmovisión bíblica robusta y descartar tales supuestos. Nuestra gran pasión debe ser que la gloria de Dios se refleje en todas las esferas de la sociedad. Entonces veremos la evangelización y la fundación de iglesias desde una perspectiva adecuada, como medios para un fin más grande.

Énfasis excesivo en el ministerio social

Aunque algunos cristianos se vuelcan en la evangelización a expensas del discipulado y la atención al necesitado, otros hacen lo opuesto y enfatizan el ministerio social a expensas de la evangelización. Tales cristianos consideran que evangelizar es hacer «proselitismo», lo que hay que evitar. Creen que la gente no está «perdida» o no tiene necesidad de salvación, sino que es buena por naturaleza; que el mal no radica en los corazones humanos caídos, sino en estructuras sociales injustas.

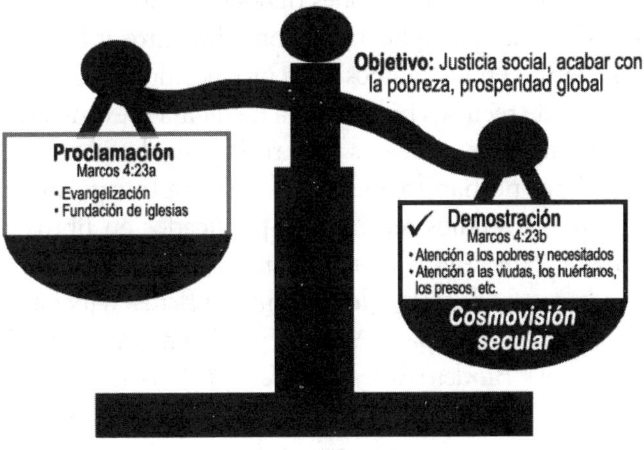

Este grupo ha perdido también la concepción completa del ministerio bíblico. Ha sustituido el dar gloria a Dios y extender su reino por la justicia social y la prosperidad universal. Pero Dios nunca deseó que el ministerio a los pobres se separara de la evangelización y el discipulado. Cuando ocurre tal separación, se sustituye el fundamento bíblico del ministerio holístico por la cosmovisión del materialismo. Según esta creencia, Dios (si es que existe) es una deidad distante, pasiva, que se desinteresa de los asuntos del mundo. No venera la Biblia como palabra «viva y activa» de Dios (Heb 4:12), como fuente autorizada de enseñanza en todas las áreas de la vida, sino que la considera poco más que un texto devocional, destinado a inspirar y motivar. Dios ha encomendado la tarea de establecer su reino en nuestras capaces manos. Con suficiente dinero, tecnología, o normas gubernamentales ilustradas, dedicados a resolver los verdaderos problemas, la pobreza y la injusticia serán eliminadas.

Esta mentalidad es hoy muy común en muchas organizaciones de «desarrollo comunitario», incluso las fundadas por cristianos. Estas organizaciones tienden a rodearse de personal muy calificado que aplican los conocimientos y las técnicas más recientes en los campos de la producción de alimentos, el desarrollo de recursos hídricos y la medicina preventiva.

Aunque estos esfuerzos han traído muchos beneficios a corto plazo, no han logrado producir una transformación a largo plazo. Estudios recientes —publicados en libros como *Dead Aid: How Aid Is Not Working* (Ayuda inútil: ¿Por qué la ayuda no es eficaz?) y *How There Is a Better Way for Africa* (Un camino mejor para África), por Dambisa Moyo, y *The White Man's Burden: Why the West's Efforts to Aid the Rest Have Done So Much Ill and So Little Good* (La carga del hombre blanco: Por qué el esfuerzo occidental por ayudar al resto han causado tanto daño y tan poco beneficio), por William

Easterly— revelan que a pesar de las mejores intenciones, la prestación de ayuda ha provocado en muchos casos una mayor dependencia y perjuicio a largo plazo en las comunidades que pretendían ayudar. Esos bienintencionados esfuerzos fracasarán porque se apoyan en un fundamento falso. Hacen caso omiso de la clara enseñanza bíblica que anuncia que la raza humana está caída y separada de Dios. Nuestros conocimientos, recursos y tecnología nunca bastarán para sanar toda la desolación del mundo. Nuestra única esperanza descansa en la sanidad completa y sobrenatural disponible a través de la cruz de Cristo.

Holismo descarriado

Muchos cristianos reconocen hoy tanto el error de los que acentúan en exceso la evangelización como el de los que acentúan el ministerio social. No obstante, al intentar corregir estos errores, a veces se topan involuntariamente con otro problema: el holismo descarriado. El ministerio holístico descarriado trata de «añadir» actividades evangelizadoras (asentadas en supuestos gnósticos) al desarrollo comunitario (asentadas en supuestos materialistas).

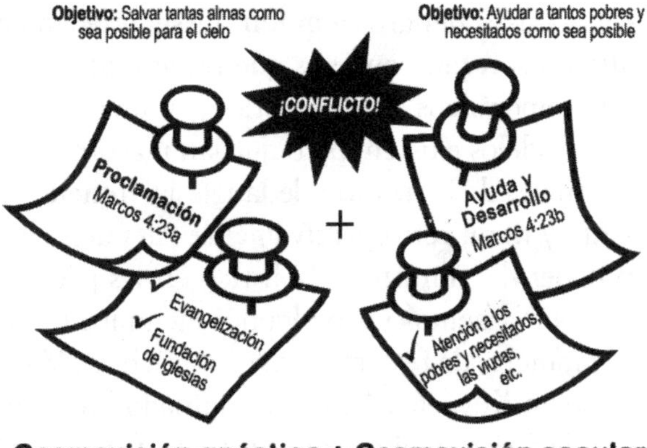

Cosmovisión gnóstica + Cosmovisión secular

¿Cómo sucede esta «añadidura»? En algunas organizaciones ministeriales, se crean departamentos separados, uno centrado en la evangelización y otro en el ministerio social. En otros casos, las organizaciones misioneras se asocian con organizaciones de desarrollo comunitario para intentar combinar sus campos de experiencia en una comunidad o región particular. Tales intentos de añadir evangelización al desarrollo comunitario, o viceversa, rara vez funcionan, debido a que ambos grupos tienen a menudo supuestos encontrados, y puntos de vista y objetivos distintos. Aunque procuran colaborar de una manera coordinada, cada grupo puede creer que su pericia es vital, mientras que la del otro no. El resultado inevitable es conflicto y desconfianza. Ambas partes carecen de una visión unificada de la totalidad y cada una de ellas se aferra a supuestos conocimientos incompatibles sobre la realidad. El intentar mezclar la evangelización gnóstica con el desarrollo comunitario materialista es como intentar mezclar aceite y agua. Aunque tales esfuerzos pueden parecer holísticos en la superficie, fracasarán por causa de la división irreconciliable nunca resuelta.

Hemos examinado tres obstáculos en el ministerio bíblico —holístico— tres peligros a evitar. Desgraciadamente, estas dificultades son tan comunes que resulta difícil hallar ejemplos contemporáneos de ministerios genuinamente holísticos. Tales modelos existen, pero quedan mayormente relegados a los anales de la historia de la iglesia. Tenemos que seguir adelante y mirar retrospectivamente para descubrir la belleza y el poder del ministerio holístico en las páginas de nuestra historia. Ya hemos visto algunos ejemplos heroicos de hombres y mujeres de fe como Amy Carmichael, William Carey y Abraham Kuyper, y hemos examinado brevemente el ministerio de Cristo y el de los apóstoles. Estos estudios breves pueden suponer un punto de partida para proseguir un estudio independiente del ministerio holístico.

PREGUNTAS DE DESCUBRIMIENTO

Cambio de mentalidad

Quizás usted se haya identificado con uno de los tres peligros descritos en esta lección. Tal vez su ministerio personal, el ministerio de su iglesia o el de la organización en la que usted trabaja carecen de un enfoque holístico. Recurra a las siguientes preguntas para descubrir lo que dice la Biblia acerca del cambio y el arrepentimiento.

1. Lea Romanos 12:2. ¿Cuál es el modelo triple que aparece en este versículo?

   ____

   ____

   ____

2. *Transformado* equivale a la palabra griega *metamorphóo*, de la que deriva *metamorfosis*. Ponga un ejemplo del mundo natural que experimente una metamorfosis. ¿Qué significa ser transformado?

   ____

   ____

   ____

3. Según Romanos 12:2, para que mi vida (mi conducta) y mi obra ministerial experimenten una transformación, ¿qué debe ocurrir antes?

   ____

   ____

   ____

4. Lea Juan 8:31-32. ¿Qué debe de hacer una persona para ser discípulo de Jesús?

5. Note la relación «si-son» entre Juan 8:31 y 8:32. Esta es una promesa condicional. Dios hace una promesa, pero sólo se cumplirá si se cumple la condición. ¿Cuál es la doble promesa progresiva?

   Si

   Son

6. ¿Por qué es esencial ser estudiante devoto de la Palabra de Dios para practicar un ministerio holístico?

7. Lea Levítico 4:13. ¿Es posible pecar inintencionadamente?

8. Lea 1 Juan 1:8-2:2. Si usted es consciente de un pecado no intencionado en su vida, ¿qué debe de hacer? ¿Qué hará Dios a raíz de ello?

PUNTOS PARA RECORDAR

Repaso de obstáculos en el ministerio holístico

1. El ministerio holístico se basa en una cosmovisión equilibrada, bíblica, en la que el ministerio de evangelización y el ministerio social son igualmente valorados.

2. Algunos cristianos, influidos por el gnosticismo, acentúan en exceso la evangelización, la predicación del evangelio y la fundación de iglesias y minimizan o abandonan equivocadamente el ministerio a los afligidos, los pobres y los necesitados.

3. Otros cristianos, influidos por el materialismo, enfatizan demasiado el ministerio social y consideran que la evangelización es proselitismo. Este grupo asume equivocadamente que la gente es básicamente buena y que el mal no radica en el corazón caído del hombre, sino en estructuras sociales injustas.

4. El ministerio holístico descarriado intenta combinar la evangelización gnóstica con el ministerio social materialista y normalmente fracasa porque las partes carecen del fundamento común de la cosmovisión bíblica y la meta común de glorificar a Dios y extender su reino.

PENSAMIENTOS FINALES

La necesidad de arrepentirse

Pero hay solución. Si hallamos que estamos atascados en uno de los peligros comentados en esta sesión, podemos arrepentirnos. Arrepentirse significa, «recordémoslo», cambiar de pensamiento y de conducta. Con la ayuda de Dios podemos deshacernos deliberadamente de la mentalidad compartimentada, no bíblica que nos ha mantenido atados y volver a una forma de pensar nutrida por la cosmovisión bíblica —holística—. ¿Parece esto abrumador? Lo sería sin la gracia de Dios y sin el poder y la dirección del Espíritu Santo. Si nos arrepentimos y procuramos andar en sus caminos, Él guiará nuestros pasos y hará de nuestras vidas y ministerios lo que desea que sean —bíblicos, eficaces y poderosos— para darle gloria y extender su reino.

APLICACIÓN PERSONAL

Considere su experiencia ministerial

Use las siguientes preguntas para considerar su propia experiencia ministerial. ¿Ha reflejado un holismo bíblico?

1. ¿Ha estado involucrado en un ministerio que enfatizaba la evangelización, el ministerio social, o intentaba combinar ambos? Si es así, ¿cuáles fueron los resultados positivos de su esfuerzo?

   ____

   ____

   ¿Cuáles fueron los resultados negativos de su esfuerzo?

   ____

   ____

   ¿Qué cree usted que se podría haber hecho de otro modo (o debería hacerse de otro modo en el futuro)?

   ____

   ____

   ____

2. Considere sus actuales o futuras oportunidades de ministerio. ¿De qué maneras prácticas se puede arrepentir, cambiar sus objetivos o costumbres para reflejar una mentalidad holística?

3. Programe un tiempo para buscar diligentemente la dirección de Dios, a solas o con su equipo ministerial. Pregunte a Dios: «¿Qué aspecto quieres que tenga mi/nuestro ministerio? ¿Cómo puedo/podemos servir mejor al propósito de tu reino?». Escuche y espere que el Señor le hable; luego escriba lo que ha descubierto.

Próxima sesión: *Fundamentos del ministerio holístico*

SESIÓN 6

Fundamentos del ministerio holístico

Los indios *pokomchi* son de los habitantes más míseros del estado más pobre de Guatemala. Hace muchos años llegaron misioneros a las comunidades *pokomchi* para evangelizar y fundar iglesias. Por ese tiempo, muchos aceptaron a Cristo como su Salvador, pero siguieron siendo muy pobres. Los jóvenes conversos recibieron esperanza para el futuro, pero no tenían esperanza en el presente. A decir verdad, esperaban morir para dejar atrás su miserable existencia en la tierra e ir con Jesús al cielo. Varios años después llegaron ciertas organizaciones de desarrollo comunitario para trabajar con los *pokomchi* y se interesaron por mejorar sus condiciones de vida. Inyectaron recursos procedentes de países materialmente ricos, se llevaron a cabo muchos proyectos que fueron etiquetados de exitosos. Se construyeron letrinas, pero en buena parte no se usaban. Hubo edificios escolares, pero pocos niños asistían a la escuela o se graduaban. Se completaron muchos proyectos encaminados a mejorar la condición física de los *pokomchi*, pero no se produjo una transformación genuina en sus vidas y comunidades. La gente siguió siendo extremadamente pobre.

A principios de los noventa, un joven pastor peruano llamado Arturo comenzó a ministrar a los *pokomchi*. A diferencia de los anteriores misioneros y profesionales de desarrollo comunitario, Arturo comprendió la importancia de la cosmovisión bíblica para la transformación individual y comunitaria. Entendió que el ministerio cristiano auténtico debía ser holístico —ha de procurar sanar y restaurar toda área devastada en la comunidad—. Comenzó a enseñar a los pastores analfabetos. Les dirigió a hacer un estudio global de la Biblia con la esperanza de desafiar su mentalidad fatalista. Arturo creía que el verdadero arrepentimiento implica más que confiar en Cristo como Salvador para obtener acceso al cielo. Requiere también una transformación de la mente, lo que conduce a una renovación de la vida.

Mientras Arturo impartía enseñanza bíblica a los pastores, recurría a ilustraciones cotidianas para enseñar conceptos como que Dios desea que la humanidad ejerza dominio y mayordomía sobre la creación. Una de las principales causas de malnutrición de las comunidades *pokomchi* era la falta de almacenamiento adecuado para sus cosechas. A menudo, los indígenas recogían buenas cosechas, pero las ratas se las comían antes que sus hijos pudieran ser alimentados. Arturo les preguntó: «¿Quién es más listo, ustedes o las ratas?». Los campesinos sonrieron nerviosamente y respondieron: «Las ratas». Arturo insistió: «¿Dominan ustedes a las ratas o las ratas les dominan a ustedes?». Los campesinos admitieron a regañadientes que, al menos por lo que se refería al almacenaje de la cosecha, las ratas les dominaban. Entonces Arturo señaló la verdad bíblica de que los hombres y las mujeres son portadores de la imagen divina y han recibido dominio sobre la creación. Lo mismo que Dios es creativo (Él creó los cielos y la tierra), los seres humanos también son creativos. Con la creatividad que Dios les ha insuflado y la conciencia de que son capaces de someter la creación y cuidar de ella, ellos podrían solucionar el problema de almacenamiento de alimentos.

Poco a poco, la mentalidad fatalista de los pastores *pokomchi* fue cambiando hacia la verdad y la esperanza. Esto influyó en sus iglesias. A través de ellas, sus comunidades empezaron a cambiar radicalmente. Los niños comenzaron a asistir a la escuela porque la gente empezó a apreciar el valor de la educación en la Palabra de Dios. Las mujeres aprendieron a leer porque entendían que Dios se preocupa por igual de los hombres y las mujeres. Los hombres se atrevieron a poner en práctica nuevas técnicas de cultivo porque querían ser buenos mayordomos de lo que Dios les confiaba. Las mujeres construyeron hornos en sus casas para que los niños no cayeran en los fuegos a cielo abierto y se quemaran. Las mujeres también empezaron a edificar pequeñas despensas para impedir que los insectos y otros bichos tuvieran acceso a los alimentos, porque comprendían que eran responsables de ejercer mayordomía y suplir para sus familias y comunidades.

Cuando un profesor de un seminario estadounidense visitó a Arturo en cierta ocasión, se asombró y se regocijó al ver la transformación que había tenido lugar —transformación debida a un ministerio holístico basado en el poder de la verdad bíblica aplicada a todas las áreas de la vida. Los ojos se le humedecieron y confesó: «¡Ciertamente, el reino de Dios se ha acercado a los *pokomchi*!».

VERSÍCULOS CLAVE

Crecimiento holístico

> Jesús siguió creciendo en sabiduría y estatura, y cada vez más gozaba del favor de Dios y de la gente.
>
> —*Lucas 2:52*

1. ¿Cuáles son las cuatro maneras en que creció Jesús?

___

___

2. Según la perspectiva bíblica, ¿cómo crece una persona en sabiduría y en estatura? ¿Y en favor con Dios? ¿Y con la gente?

___

___

3. ¿Qué importancia tiene que Lucas resaltara estas cuatro áreas del crecimiento de Jesús? ¿Qué significa para su propio crecimiento? ¿Y para el crecimiento de otros?

___

___

4. ¿El crecimiento de Jesús tuvo lugar rápidamente, o fue un proceso?

___

___

INTUICIONES BÍBLICAS

Seis elementos esenciales

El ministerio holístico no es una técnica ni una moda. Es el resultado natural de una vida holística que entiende que Dios es real, activo, todopoderoso, amoroso, y se dedica con total devoción a Él. Una vida que reconoce que Jesús es Rey de reyes y Señor de señores, no sólo en un futuro, en los cielos, sino ahora. Una vida que aprecia que Él no sólo es Señor del ámbito espiritual, sino Señor de *todo lo que compone* la creación.

Examinemos seis elementos esenciales del verdadero ministerio holístico: (1) la visión total, (2) todo el mundo, (3) la persona total, (4) el mundo entero, (5) motivado por el amor, y (6) dependiente de la fuerza de Dios.

1. Visión total

«Visión» es la capacidad de imaginar un estado futuro deseado. Es una necesidad humana básica, porque motiva y proporciona esperanza para el futuro. Proporciona un objetivo hacia el que proyectar la vida. La Escritura afirma que «donde no hay visión, el pueblo se extravía» (Pro 29:18).

Jesús fue movido por un sueño, no uno cualquiera, sino por el sueño más grande que el mundo ha conocido. Sus ojos vieron más allá de la presente realidad de muerte e injusticia, un mundo purificado de toda maldad y lleno de la realidad de Dios (Ap 21:1-5). Un mundo transformado por su Padre amoroso que actúa en la historia para redimir todas las cosas una por una: persona, familia, iglesia o nación. Esta fue la meta por la que «vivió, trabajó, sufrió y murió; la visión que confió a sus discípulos».[1] Debe ser también la nuestra, pero, ¿lo es? El gran misionero E, Stanley Jones hizo esta triste declaración: «La Iglesia ha perdido la visión bíblica del reino de Dios».[2] Él calificó esta pérdida de «enfermedad de nuestro siglo».

Actualmente, se ha sustituido la visión del reino *total* de Jesús por otras visiones incompletas. Para algunos, el gran sueño de Cristo ha quedado reducido a salvar almas de toda nación, lo que proporciona poca esperanza a gentes que viven en grave angustia y pobreza —sólo tienen esperanza para después de la muerte—. Con toda seguridad, la visión bíblica del reino de Dios proporciona esperanza eterna, pero también esperanza de una sanidad sustancial en el presente.

Para otros, la visión de Cristo queda reducida a acabar con el hambre, la pobreza y la injusticia. Si esta es toda la visión del cristiano, es demasiado limitada. La gente necesita más que estómagos llenos y seguridad. Necesita un propósito que responda a su hambre espiritual como también a su hambre física, una visión que no sólo ofrezca esperanza en una vida mejor sobre la tierra, sino también de vida eterna. La gente necesita un propósito que les exija más que cubrir sus necesidades básicas. La gente en todas partes busca una visión por la que vivir y morir, un propósito digno de su entera devoción. Jesús se refirió a esto cuando dijo: «No sólo de pan vive el hombre, sino de toda palabra que sale de la boca de Dios» (Mt 4:4). Para practicar un ministerio holístico es esencial sustentar la visión *completa* que tuvo Jesús, no las visiones incompletas, tan comunes hoy. Su deseo supremo se expresa en las palabras del Padrenuestro: «Venga tu reino, hágase tu voluntad en la tierra como en el cielo» (Mt 6:10).

2. Todo el mundo

¿De dónde procede esta visión total u holística? De una comprensión global de la Palabra de Dios. La verdad de Dios revelada en las Escrituras es inspirada y divinamente poderosa. Su «historia transformadora es igualmente válida para todas las culturas, todos los países y todos los tiempos. Si leemos toda la Biblia de Génesis a Apocalipsis, no como una serie de episodios y enseñanzas desconectados, sino como un relato único y comprehensivo, la mente será renovada (Ro 12:2). Entenderemos la verdad sobre Dios, la creación, la historia y nuestra vida.

La Biblia revela que Dios trabaja activamente en la historia, y lleva a cabo un plan magnífico para bendecir, sanar y redimir todas las cosas arruinadas en la Caída. Este plan es el tema central de *toda* la Biblia. Es el hilo conector que une el Antiguo y el Nuevo Testamento, comenzando inmediatamente después de la separación de Adán y Eva de Dios, en Génesis 3, y concluyendo en los últimos capítulos de Apocalipsis. ¿Por qué estableció Dios su pacto con Abraham? ¿Por qué creo y bendijo la nación de Israel? ¿Por qué envió a su Hijo Jesucristo a vivir entre nosotros y a morir en la cruz? ¿Por qué levantó a la iglesia? ¿Qué desea cumplir a través de la iglesia en nuestra generación? ¿Qué sueño debe guiar, dar sentido y propósito a nuestra vida? Para responder a todas estas preguntas necesitamos entender la gran agenda divina —su plan redentor de las naciones que engloba la historia.

Para apreciar el alcance de este plan notable, es importante estudiar algo más que pasajes o un libro de la Biblia. Hemos de examinar y estudiar las Escrituras como una totalidad completa y unificada. Hemos de captar la Biblia a vista de pájaro y vislumbrar su «gran imagen» Según el teólogo John Stott, hemos de forjar «una mente firmemente aferrada a los supuestos básicos de las Escrituras y plenamente imbuida de la verdad bíblica».[3]

3. La persona total

Para practicar un ministerio holístico, es esencial ver a la gente como Jesús la ve, no como «almas» incorpóreas, no como máquinas físicas evolutivas sin espíritu, sino como una integración holística de cuerpo, mente y espíritu. Si reducimos a la gente a una de estas partes, o incluso afirmamos que una es más importante que las otras, estamos alejándonos de la revelación bíblica. Dios se ocupa de la persona total y nosotros también debemos hacerlo.

En el versículo clave de esta sesión examinamos cuatro áreas de crecimiento de Jesús. Él creció *físicamente* —«en estatura»—. Su cuerpo físico creció fuerte y sano. Creció *mentalmente* —«en sabiduría»—. Creció en el conocimiento de Dios y su Palabra. Creció *espiritualmente* —«en el favor de Dios»—. Él mantuvo una relación íntima con su Padre. Creció *socialmente* —«en el favor de la gente»—. Atrajo un grupo leal de seguidores y fue estimado por muchos por su sabiduría, poder, humildad y compasión. Todas estas áreas fueron igualmente importantes para el desarrollo de Jesús. Por tanto, deben de ser igualmente importantes para nosotros y para todos. El ministerio holístico en Jesús el modelo perfecto de desarrollo humano. Si nuestro ministerio no ayuda a crecer a la gente en alguna de estas áreas, no será holístico.

Lucas 2:52 también revela que Jesús vivió en el contexto de las relaciones. Mientras maduraba, crecía «en el favor de Dios y de la gente». Del mismo modo, nuestra vida se desarrolla en el contexto de las relaciones. Las Escrituras identifican una de ellas como la más importante: nuestra relación con Dios. Somos su creación, hechos a su imagen, y diseñados para disfrutar una relación íntima y eterna con Él. El principal problema con que nos topamos (y el principal problema del mundo) es que nuestra relación con Dios está interrumpida y precisa ser reconciliada. La buena noticia es que «tanto amó Dios al mundo, que dio a su Hijo unigénito, para que todo el que cree en él no se pierda, sino que tenga vida eterna» (Juan 3:16). Gracias a la iniciativa divina ahora podemos disfrutar de una comunión renovada con Él mediante la fe en su Hijo y en su muerte expiatoria en la cruz.

El renacimiento espiritual es esencial para el ministerio holístico (Juan 3:3). Sólo cuando nuestra relación con Dios se ha restaurado tendremos esperanza duradera para sanar las otras relaciones —tanto con la creación como con las otras personas—. El ministerio holístico se ocupa de todas esas relaciones, sin embargo, nunca olvida cuál es la primera. Se preocupa de las necesidades globales de la persona total en el contexto de todas sus relaciones, pero este cuidado siempre comienza por un profundo interés por la necesidad imperiosa que tiene la gente de reconciliarse con su Hacedor.

4. El mundo entero

En su Gran Comisión, Jesús mandó «vayan y hagan discípulos de todas las naciones» (Mateo 28:19). Después les dijo que fueran sus testigos «tanto en Jerusalén como en toda Judea y Samaria, y hasta los confines de la tierra» (Hechos 1:8). El evangelio de Jesucristo ha de ser proclamado en todos los países de la tierra. También ha de llevar sanidad y transformación a las naciones a las que impacta. Un ministerio holístico procura ambas cosas. Se esfuerza por extender el evangelio a toda nación y por hacer que «la gloria de Dios se refleje en todas las esferas de la sociedad: las artes, las ciencias, los medios de comunicación, el estado y el gobierno, la educación, el mundo empresarial y la familia».[4]

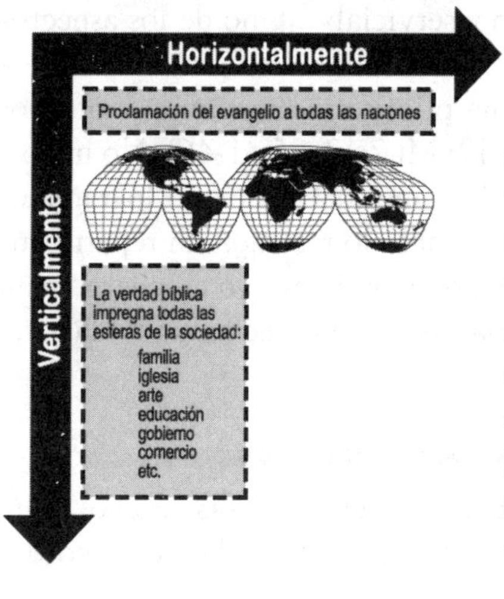

El Salmo 24:1 asegura: «Del Señor es la tierra y todo cuanto hay en ella, el mundo y cuantos lo habitan». Abraham Kuyper parafraseó este versículo en su célebre frase: «No hay ni un solo centímetro cuadrado en el universo sobre el que el rey

Jesús no reclame su "señorío"». Un ministerio holístico se guía por este lema. Fija su agenda con preguntas como: si Jesús fuera alcalde de mi localidad, ¿qué cambios haría? Si fuera gobernante de mi país ¿qué cosas cambiaría? Una vez respondidas estas cuestiones, sabremos qué debe afrontar nuestro ministerio.

5. Motivado por amor

Al intentar poner en práctica un ministerio holístico, debemos recordar el gran mandamiento de Jesús: «Ama al Señor tu Dios con todo tu corazón, con todo tu ser y con toda tu mente... [y] ama a tu prójimo como a ti mismo» (Mt 22:37-39). Nuestro ministerio debe estar motivado por amor a Dios y a los demás, particularmente por los angustiados por la pobreza, los abatidos y los desesperanzados. La esencia de la vida cristiana consiste en glorificar a Dios y procurar el bien de los demás. Consiste en esforzarse siempre por mejorar la vida de la gente en el plano espiritual, físico, emocional, económico y social. En palabras del Dr. James M. Boice: «Hemos sido llamados a un amor sincero, abnegado, sacrificado y servicial».[5] Uno de los aspectos verdaderamente revolucionarios de la fe cristiana es mostrar amor a Dios de forma prioritaria mostrando amor por nuestro prójimo (Is 58:6-12; Mt 7:12; 25:31-46). No importa cuántas buenas obras hagamos, sin amor no lograremos nada. En palabras eternas, Pablo lo resume: «Si reparto entre los pobres todo lo que poseo, y si entrego mi cuerpo para que lo consuman las llamas, pero no tengo amor, nada gano con eso» (1 Co 13:3).

6. Dependiente de la fuerza de Dios

El último factor esencial es la dependencia en Dios. Para ser efectivo en el ministerio holístico, debemos recordar que Dios está extendiendo activamente su reino en este instante. Nuestra actitud debe ser la de unirnos a Él, no ir por nuestro propio camino. Debemos actuar en sus fuerzas, no en las nuestras, porque si luchamos con nuestras propias fuerzas, ingenio o sabiduría, con seguridad fracasaremos. Podremos creer que hemos tenido éxito a algún nivel y ser tentados a recibir honra por los propios méritos. Tal orgullo no tiene cabida en el cristianismo bíblico. Dependemos de Dios cada vez que respiramos. Debemos recordar que para que nuestro ministerio lleve fruto, nuestra vida debe estar firmemente conectada con la de Cristo. Jesús habló de esto en la parábola de la vid verdadera: «Yo soy la vid y ustedes son las ramas. El que permanece en mí, como yo en él, dará mucho fruto; separados de mí no pueden ustedes hacer nada» (Juan 15:5). ¿Cómo permaneceremos conectados con la vid?

Siendo conscientes de que Él es nuestro líder activo, practicando cada momento la dependencia en Él y expresándole esa dependencia a través de la oración, la sensibilidad a la dirección del Espíritu Santo, y la obediencia a su Palabra. Hemos de desplegar nuestro ministerio holístico juntamente con Dios mientras Él actúa en nosotros, no por nosotros mismos. «Él desea ser nuestro compañero constante o colaborador en la empresa creadora de vida sobre la tierra», nos recuerda el teólogo Dallas Willard. «Lo que nosotros podemos hacer sin recibir ayuda es muy poco. Lo que podemos hacer actuando con energía mecánica, eléctrica o atómica es mucho más grande…Pero lo que podemos hacer valiéndonos de estos medios es todavía muy poco comparado con lo que podemos hacer en unión con el mismo Dios, quien creo, y en última instancia controla, todas las demás fuerzas».[6]

PREGUNTAS DE DESCUBRIMIENTO

Mejor comprensión de los elementos esenciales del ministerio

Abra su Biblia y descubra más acerca de los elementos esenciales del ministerio holístico.

1. Comience leyendo Lucas 4:43. ¿Con qué propósito fue enviado Jesús? ¿Qué le dice esto acerca de la importancia del reino para Jesús?

   ____

   ____

   ¿Comparte usted el mismo propósito? ¿Y su iglesia?

   ____

   ____

2. Lea Juan 12:27-28. A pocas horas de afrontar el suplicio de la cruz, ¿cómo expresó Jesús su último propósito? ¿Qué revela esto cuál debe ser nuestro propósito último?

   ____

   ____

3. Lea Isaías 11:6-9 y 25:6-8. ¿Qué dicen estos pasajes acerca de la intención de Dios para el futuro? ¿Cómo le ayudan a entender la visión que impulsó el ministerio de Jesús?

   ____

   ____

4. Lea Mateo 25:31-40. ¿Qué relación hay entre el amor de Dios y nuestra respuesta a las necesidades de la gente? ¿Cree usted que es posible compartir el amor de Dios sin

ayudar a cubrir las necesidades de la gente? Explique su respuesta.

5. Lea el Salmo 82:3-4, Isaías 58:6-7, y Santiago 1:27. ¿Qué afirman estos pasajes sobre la respuesta bíblica a los problemas o necesidades humanas? ¿Son cosas que usted y su iglesia son capaces de hacer?

5. Lea Mateo 4:4 y Juan 6:51. ¿Qué otra clase de alimento necesitan las personas para poder vivir? ¿Por qué necesita la gente alimento físico así como espiritual? ¿Es uno más importante que el otro? ¿Qué sucede cuando se descuida uno de los dos?

6. Lea Jeremías 17:5 y Juan 15:5. ¿Qué dicen estas páginas acerca de cómo hemos de llevar a cabo nuestro ministerio?

7. Lea 1 Pedro 4:11. ¿Cuál es el propósito último de nuestro servicio o ministerio? ¿Cómo servimos para que Dios sea glorificado?

PUNTOS PARA RECORDAR

Repaso de los elementos esenciales

1. Necesitamos tener una visión global. Jesús fue motivado por el deseo de glorificar a Dios. Su objetivo último lo expresó en el Padrenuestro: «Venga tu reino, hágase tu voluntad en la tierra como en el cielo» (Mt 6:10).
2. Debemos abrazar la totalidad de la Palabra. La gran vista panorámica de la Biblia es el plan redentor de Dios en la historia. Debemos contemplarla como una cosmovisión comprehensiva que tiene poder para transformar naciones enteras.
3. Hemos de tener en cuenta y ministrar a la persona total. La persona es una unidad de cuerpo, alma (mente) y espíritu que vive en un contexto de relaciones, la más importante de las cuales es su relación con Dios.
4. Tenemos que contemplar el mundo entero, predicar la Palabra de Dios a gentes de todas las naciones. El evangelio brinda sanidad y transformación a toda esfera de la cultura.
5. Debemos ser motivados por amor. En el corazón del ministerio holístico hay un deseo ardiente de glorificar a Dios y procurar el bien de los demás.
6. Debemos depender de la fortaleza de Dios. El ministerio holístico es, antes que nada, negocio de Dios. Debemos darnos cuenta que dependemos en todo momento de Él y expresar esta dependencia mediante la oración, la sensibilidad a su guía y la obediencia a su Palabra.

PENSAMIENTOS FINALES

Una descripción concisa del ministerio holístico

El pastor y autor John Piper ofrece esta útil definición de liderazgo espiritual, que sirve también como breve definición del ministerio holístico: «Liderazgo es saber dónde quiere Dios que esté la gente y tomar la iniciativa para llevarles allá por los medios divinos y dependiendo de su poder».[7] ¿Dónde quiere Dios que esté la gente? Piper asegura: «Descubrimos donde Dios quiere que esté la gente preguntándole dónde se dirige Él mismo».[8] Debemos entender el propósito de Dios —su gran agenda en la historia— especialmente para la humanidad. Él desea que su reino venga y se cumpla su voluntad en la tierra como en el cielo (Mt 6:10). Esta es la razón por la que Cristo vino a la tierra y murió en la cruz (Lucas 4:43). Él desea que todos los hombres vengan al conocimiento de su salvación y reciban sanidad física, mental, social y espiritual. Él desea todo esto en aras de su gloria (Juan 12:28). Esta debe ser también nuestra visión y nuestra motivación.

¿Cómo se cumple este sueño? ¿Dependeremos del dinero o de la sabiduría humana? ¿Dependeremos de usuales prácticas profesionales? No. Debemos apoyarnos en los medios de Dios, que son probablemente muy distintos de los nuestros. Descubrimos sus medios en su Palabra cuando procuramos aplicarla a todos los ámbitos de la vida y la cultura.

Pero tener visión, motivación y medios verdaderos no es suficiente. Hemos también de trabajar «dependiendo de su poder». Finalmente, hemos de darnos cuenta de que no tenemos nada en nuestra carne —en nuestra sabiduría o poder humanos— que tenga valor alguno para extender la gran agenda redentora de Dios (Is 2:22; Sal 146:3). Debemos darnos cuenta que todo lo que tenemos procede de Él, y después, actuar en su poder (Juan 15:5). Debemos trabajar para extender su gloria, no la nuestra. Estos son los fundamentos esenciales del ministerio holístico.

APLICACIÓN PERSONAL

Aplicación de los elementos esenciales

Dios desea que cada uno de nosotros le glorifique participando en su gran agenda para extender el reino. Esto se hace entendiendo y aplicando la verdad bíblica a toda nuestra vida, amando a nuestro prójimo, cuidando la creación de Dios y desarrollando un ministerio holístico. Recurra a las siguientes preguntas para aplicar los principios de esta lección a su esfuerzo ministerial.

1. ¿Cuál de los fundamentos esenciales comentados en esta lección cree usted que entiende y practica su iglesia en su ministerio a la comunidad? (Repase la sección «Puntos Clave» para un repaso general de los fundamentos esenciales.)

   ____
   ____
   ____
   ____
   ____

2. ¿Qué fundamentos esenciales cree usted que faltan o son débiles en su iglesia?

   ____
   ____
   ____
   ____
   ____

3. ¿Cuál de los fundamentos esenciales comentados en esta sesión cree usted que entiende y practica cuando ministra a otros?

4. ¿Qué fundamentos esenciales le faltan o en cuáles se siente débil?

5. Basándose en lo que usted ha aprendido en esta lección, ¿qué cosas podría hacer para ayudar a su iglesia a entender y practicar un ministerio holístico? ¿Qué cosas puede hacer para mejorar su propio esfuerzo ministerial?

Una historia breve de la vida y la mente divididas

Una herejía antigua

La dicotomía sagrado-secular que conforma la mentalidad de muchos cristianos hoy es casi tan antigua como la propia iglesia. Sus raíces se pueden rastrear en la antigua filosofía griega, y en particular, las ideas de Platón. Platón dividió la creación en dos partes auto-existentes y eternas: la espiritual, considerada superior, y la material, estimada inferior.

La cosmovisión de Platón contradice abiertamente la cosmovisión hebrea, que sostiene que nada, excepto Dios, existe desde la eternidad. La materia física no es eterna. Ha sido creada por Dios, quien es espíritu. Y Dios, que es

completamente bueno, justo y perfecto, declara que su creación es buena también (Gn 1:31). La Biblia establece una distinción entre los aspectos físicos y espirituales de la realidad. Sin embargo, no declara que un ámbito sea bueno y que el otro sea malo. La cosmovisión bíblica afirma que Dios es el Señor de toda la creación, tanto física como espiritual.

En la iglesia primitiva, la mezcla de las cosmovisiones hebraica y platónica (griega) se conoció como herejía gnóstica. Los cristianos que cayeron en sus garras tuvieron problemas con la doctrina de la encarnación. ¿Cómo podía un Dios perfecto y justo adoptar un cuerpo desordenado y corrupto? Su sistema de creencias les obligó a abandonar este dogma central de la doctrina cristiana; de este modo, el gnosticismo se considera justamente una herejía.

No obstante, la concepción gnóstica ha seguido, tristemente, infestando a la iglesia a lo largo de los siglos, y ha experimentado un notable crecimiento en los últimos cien años. El hecho de tener que hablar hoy de ministerio «holístico» da testimonio de que la mentalidad gnóstica está viva y coleando. ¿Qué sucesos han conducido al resurgimiento de esta herejía antigua, y cuáles han sido las consecuencias?

El Siglo de las Luces

Las raíces del gnosticismo moderno se pueden remontar a la Europa del siglo XVIII, a un periodo comúnmente conocido como Siglo de las Luces o Ilustración. El método científico moderno fue perfeccionado durante este periodo, con notables éxitos. Grandes misterios del funcionamiento interno del universo físico fueron resueltos uno por uno con gran celeridad. La ciencia moderna nació dentro de un marco bíblico que afirmaba la creación como obra de Dios, y por tanto, digna de estudio y exploración. Científicos pioneros, como Francis Bacon, Johannes Kepler e Isaac Newton, fueron cristianos devotos. Ellos interpretaron que su trabajo afirmaba y fortalecía su fe bíblica.

No obstante, durante la época de la Ilustración, el embelesamiento causado por los éxitos de la ciencia llevó a creer que por medio de la razón humana, sin ayuda, el hombre podía entender el funcionamiento de todo el universo físico. Como el primer pecado de Adán y Eva en el Jardín del Edén, surgió una orgullosa confianza en el hombre. Éste, ayudado solamente por la ciencia y la razón, podía ser como Dios y entender toda la realidad.

La cosmovisión bíblica había influido profundamente en la conformación de la cultura europea durante la Edad Media. Pero, con el advenimiento de la Ilustración, comenzó a erosionarse y finalmente fue desalojada de su posición prominente. Dios seguía siendo el Creador y la «Primera Causa» necesaria del universo, pero se pensó que era irrelevante y no se implicaba en los asuntos terrenales. La nueva cosmovisión nacida en este periodo, conocida como deísmo, reconocía un dios que había creado, pero que ya no desempeñaba un papel en el devenir cotidiano del mundo físico. El dios del deísmo no es Señor ni Redentor, porque el deísmo no da cabida a lo milagroso ni a la intervención espiritual. La oración era innecesaria porque dios no puede o no quiere intervenir en los asuntos humanos. Muchas figuras destacadas de la Ilustración, entre otras, Voltaire, David Hume y Thomas Jefferson, creían que el universo era como una enorme e intrincada máquina, como un reloj gigantesco, en el que Dios se limita a actuar de relojero. Él lo hizo, le dio cuerda y dejó que siguiera su curso.

La revolución francesa (1789-1799) representa un viraje emblemático del cambio de cosmovisión. Los revolucionarios buscaban más que libertad política; querían librarse de Dios y de la estrechez y autoridad de la iglesia oficial del estado.

La Ilustración fue avanzando y la mente europea proclamó su mayoría de edad. Dios fue lentamente proscrito como un vestigio supersticioso de la Edad Media. La gente «ilustrada» tenía suficiente entendimiento del mundo natural mediante la razón y la ciencia. No había necesidad de realidad espiritual, dioses, ángeles o demonios. No obstante, un importante problema quedó sin resolver. Si Dios no existía, ¿cómo podía explicarse la existencia del universo físico? Toda cosmovisión, para ser comprehensiva, debe ofrecer una explicación de la creación.

Darwin y el surgimiento del naturalismo

Charles Darwin, famoso botánico británico, respondió a esta cuestión en 1859. En su obra clásica, *El origen de las especies*, presentó su teoría de los primeros orígenes que excluía a un Dios Creador. Según Darwin, los organismos vivos se formaban por accidente y después evolucionaban en las diversas criaturas que hoy existen a través de un proceso no dirigido de mutación, «selección» y tiempo. La teoría del origen de Darwin ganó aceptación en círculos académicos de Europa y América y se sigue enseñando en centros educativos de todo el mundo.

Darwin, según el mundialmente famoso científico británico Richard Dawkins, «hizo posible el ser un ateo intelectualmente realizado».[1] Es decir, la teoría de Darwin suprimió la necesidad de creer incluso en el modesto dios creador del deísmo. A raíz de la teoría de Darwin, echó a andar un cambio de cosmovisión. El deísmo fue sustituido por el naturalismo, el cual ha pasado a ser hoy la cosmovisión dominante en el Occidente industrial y en los centros académicos y urbanos del mundo. El naturalismo (a veces llamado secularismo, materialismo o cientifismo) descansa en la creencia de que el universo se compone de una sustancia y solo de una sustancia: la materia física. El ámbito espiritual o sobrenatural no existe o no se puede conocer. El universo físico es un «sistema cerrado». Todo efecto debe tener una causa natural. En efecto, todo puede —y debe— ser explicado mediante operaciones impersonales, combinaciones de azar, e interacciones de la materia.

A fines del siglo XIX y en el XX, el naturalismo se propagó como un fuego descontrolado por Europa, América y todo el mundo. Barrió universidades y seminarios, llegó a dominar las ciencias naturales, el derecho, la empresa y la economía. Como veremos, también provocó un profundo y desastroso impacto en la iglesia.

El naturalismo postula una división estricta entre hechos y valores. Los hechos son objetivos y públicamente verificables. Los valores, por otro lado, son significados subjetivos, se erigen personalmente. La ciencia existe en el ámbito de los hechos, en el mundo real de los cinco sentidos —vista, oído, tacto, gusto y olfato—. Es el mundo en el que hombres y mujeres viven, respiran y existen. La religión, la creencia espiritual y la fe, pertenecen a la esfera de lo personal, lo subjetivo y lo emocional. Los seres humanos conocen la verdad a través del razonamiento y la investigación científica. El mundo espiritual es irreal o incognoscible; es el ámbito de la creencia subjetiva y la religión; el ámbito de la fantasía y lo imaginario. «En el mejor de los casos», explica un observador, «la religión pinta una capa de "valor" sobre "hechos" que no tienen valor descubiertos por la ciencia».[2] Dado que el naturalismo es la cosmovisión dominante en Occidente moderno, esta mentalidad impregna casi cada esfera de la vida y el pensamiento modernos.

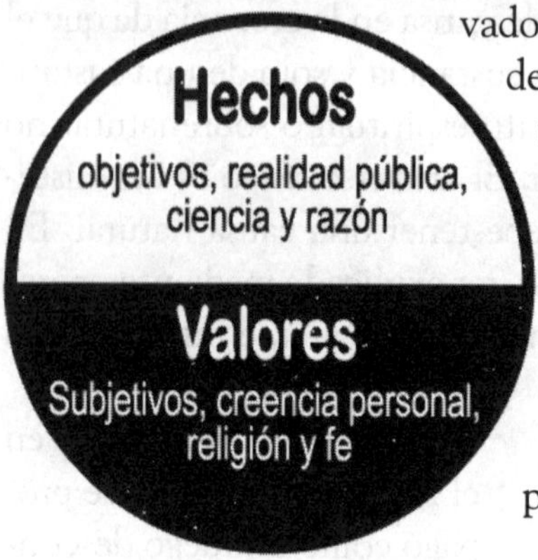

El naturalismo afecta a la iglesia

A medida que el deísmo, el darwinismo, y luego el naturalismo alcanzaron supremacía cultural, la iglesia en Occidente fue siendo lentamente marginada de la sociedad. Para retener cierto grado de influencia social y cultural, muchas denominaciones cristianas tradicionales intentaron acomodarse a estos nuevos sistemas de creencias, lo que les acarreó consecuencias desastrosas. Suprimieron los elementos distintivamente sobrenaturales y espirituales de la cosmovisión bíblica. Se crearon nuevas escuelas de teología para modernizar la fe cristiana, para que la iglesia pudiera marchar al compás de los tiempos cambiantes. Un observador ha notado: «Los teólogos contemporáneos... están sujetos a la tentación de entender la fe cristiana a la luz de los dogmas de la Ilustración, en vez de la Ilustración a la luz de la fe cristiana».[3] Un teólogo modernizante fue Friedrich Schleiermacher (1768-1834). Influido por la creencia naturalista de que Dios es incognoscible o irreal, Schleiermacher no basó la fe cristiana en realidades históricamente verificables, como la vida, la muerte y la resurrección de Jesús, sino que estableció la fe cristiana sobre la creencia subjetiva del hombre. La fe en Cristo se trocó en asunto de experiencia personal arraigada en la necesidad emocional. No era una respuesta a un Dios objetivamente real que existe y se ha comunicado con la humanidad de forma fidedigna a través de la Biblia.[4] El cristianismo de Schleiermacher fue poco más que una versión espiritualizada del naturalismo, en el que la ciencia reclama la única autoridad para explicar la realidad. Según esta cosmovisión, la creencia espiritual se considera subjetiva y es «real» solamente si un individuo cree que lo es. Schleiermacher y sus colegas teólogos significaron el comienzo de un movimiento que marcó drásticamente los seminarios e institutos teológicos de Occidente. Con el tiempo, cuando los alumnos se fueron graduando en esos centros, fueron llevando las nuevas asunciones teológicas a los púlpitos de las iglesias de Europa y América.

El evangelio social

Una vez que Dios quedó bien encerrado en el ámbito de la creencia subjetiva, el hombre moderno llegó a ser dueño de su destino. Para los cristianos, esto significó que el reino de Dios podía establecerse en la tierra exclusivamente por medios y conocimientos humanos. Las nuevas teologías rechazaron la doctrina bíblica de la Caída, la pecaminosidad y la depravación humanas. En consecuencia, restaron importancia a la necesidad de la evangelización, el arrepentimiento y la salvación.

Un famoso periodista estadounidense del siglo XIX, Horace Greeley, representó a muchos al escribir que «el corazón del hombre no es depravado...sus pasiones no le impulsan a hacer el mal, y por tanto, sus hechos no producen el mal». Según Greeley, «el mal sólo fluye de la represión o subversión social. Dese a la gente plena autodeterminación, libertad y un desarrollo perfecto y completo, y resultará una felicidad universal... Créese una nueva forma de Sociedad, en la que esto sea posible... entonces se obtendrá la Sociedad perfecta; entonces se instaurará el Reino del Cielo».[5] El movimiento que surgió de estas creencias se dio en llamar «evangelio social». Como indicó Greeley, una de las asunciones básicas del movimiento es creer que el mal nace de la forma en que una sociedad se organiza, y no algo inherentemente malo dentro del hombre.

La reacción de los fundamentalistas

Tales creencias se consideraron heréticas por los creyentes más ortodoxos, que contemplaron tal liberalismo teológico como directamente opuesto a la Biblia. De este modo nació un movimiento contrario, conocido como fundamentalismo, que procuró rescatar a la iglesia enfatizando los elementos fundamentales de las Escrituras. Sostuvo la autoridad de la Biblia como revelación sobrenatural de Dios, la encarnación de Dios en Jesús, y la muerte expiatoria de Cristo en la cruz por causa del pecado del hombre.

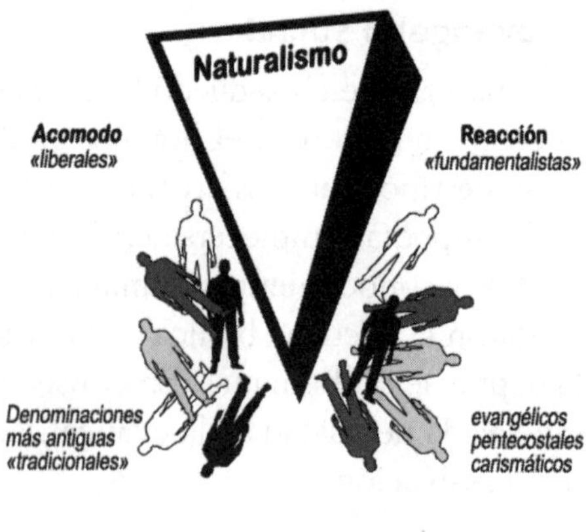

El naturalismo, enemigo del fundamentalismo, dividió la realidad en dos categorías —hechos y valores— en las que la ciencia y la razón reclamaban para sí la capacidad única de determinar la verdad. Como reacción, los fundamentalistas bebieron involuntariamente de la antigua herejía gnóstica. La ciencia y la razón se tuvieron por mundanas y seculares, y los cristianos debían evitarlas. La fe se opuso a la razón, lo espiritual contra lo secular. La esfera espiritual —Dios, la evangelización, la asistencia a la iglesia, el «servicio cristiano a tiempo completo»— se consideró bueno. La esfera física o material se consideró inferior y «mundana». La ciencia, la razón humana, la política, la economía y la acción social, dominadas todas por el naturalismo, se etiquetaron como seculares —cosas a evitar.

Impacto en el movimiento misionero al mundo

El movimiento fundamentalista provocó un tremendo impacto en la misión al mundo. Cuando se produjo la reacción fundamentalista contra el naturalismo, cientos de miles de misioneros europeos y de América del Norte fueron desplegados en los rincones más remotos del globo. Éstos salieron con gran celo e hicieron sacrificios ímprobos por la causa de Cristo. No obstante, muchos se infectaron de una mentalidad gnóstica que a su vez transmitieron a los creyentes indígenas a través de las iglesias que establecieron. Los misioneros asociaron toda actividad misionera que no fuera evangelización o fundación de iglesias con el movimiento del Evangelio Social. Los teólogos liberales enseñaron que el reino de Dios se podía establecer aquí y ahora mediante la acción social y el desarrollo de programas gubernamentales ilustrados. Como reacción, los fundamentalistas y los misioneros evangélicos enseñaron que el reino de Dios era una realidad espiritual estricta, importante sólo después de esta vida.

Separación entre la acción social y la proclamación del evangelio

Para la iglesia liberal, los hombres eran dueños de su destino. La sabiduría humana, expresada a través de la ciencia moderna, la tecnología y la política gubernamental ilustrada, eran suficientes para resolver los problemas sociales, políticos y económicos que afrontaba el mundo. El papel de Dios en los asuntos humanos era periférico, limitado y mayormente irrelevante. Dios había dado responsabilidad a la humanidad de impactar a la sociedad y conformar el orden social según el modelo de las enseñanzas de Cristo.

La combinación de liberalismo teológico y universalismo social en los EEUU dio lugar a planes gubernamentales masivos después de la Segunda Guerra Mundial. Estos planes se crearon para eliminar la pobreza en el país y en el extranjero. Nuevas políticas sociales y grandes burocracias estatales fueron creadas para dispensar ayuda a los pobres. Sin embargo, no pasó mucho tiempo hasta que resultó evidente que dichos planes no tenían éxito.

La pequeña nación isleña de Haití ofrece un caso objetivo, digno de ser estudiado. A partir de 1970, miles de programas de ayuda internacional, gubernamentales y no gubernamentales, y miles de millones de dólares fueron dedicados a sanar las heridas económicas, sociales y espirituales de los casi diez millones de habitantes del país. Sin embargo, a pesar de este esfuerzo masivo y sostenido, Haití sigue siendo el país más empobrecido y abatido del hemisferio occidental.

La guerra doméstica librada «contra la pobreza» en los EEUU fracasó también lastimosamente. Entre 1960 y 1990 miles de millones de dólares fueron invertidos en proyectos de bienestar para favorecer a la población que vivía sumida en la pobreza. El número de personas que vivía por debajo del umbral de pobreza establecido por el gobierno aumentó durante ese periodo. Debido a esto, el sistema de bienestar estadounidense fue completamente revisado en los años noventa.

¿Por qué esos bienintencionados esfuerzos fracasaron tan lastimosamente? Porque ignoraron la clara enseñanza bíblica de que somos un pueblo y una raza caídos. Nuestro conocimiento, recursos y tecnología no sanarán nuestra depravación. Seguiremos arruinados, a pesar de nuestro esfuerzo, si no acatamos la revelación de Dios sobre cómo debemos vivir, en todas las áreas de nuestra vida. Aunque la Biblia afirma que la razón humana y el desarrollo de recursos desempeñan un papel en nuestra sanidad, deben ir acompañados del reconocimiento de que los seres humanos somos pecadores y que sólo hay una sanidad completa, sobrenatural, en la cruz de Jesús. Sin ese reconocimiento, los mejores esfuerzos estarán destinados al fracaso.

Separación entre la proclamación del evangelio y la acción social

Aunque la iglesia liberal se ocupó afanosamente en instaurar el reino de Dios mediante programas sociales basados en la sabiduría humana, los ocupados evangélicos ignoraron o restaron importancia a las necesidades físicas de los pobres y se centraron casi exclusivamente en la evangelización y la fundación de iglesias.

Para muchos, «amar a Dios» significaba hacer obra espiritual, mientras que «amar al prójimo» tenía lugar en el mundo secular y material. Con el paso del tiempo, esta dicotomía no bíblica indujo a muchos a creer que «la obra redentora de Dios sólo tiene lugar en el ámbito espiritual, mientras el resto del mundo físico se abandonaba, al parecer, al diablo».[6] Si los evangélicos ministraban a las necesidades físicas, lo solían hacer como un «cebo», como un medio para el objetivo superior de la evangelización.

Los fundamentalistas usaban la metáfora del «bote salvavidas» mucho antes de que fuera adoptada por los recientes salvavidas seculares. *En Despertamiento Moderno: Desde Charles Grandison Finney hasta Billy Graham*, William McLoughlin cita a Dwight L. Moody: «Contemplo este mundo como si fuera un buque naufragado. Dios me ha provisto de un bote salvavidas y me ha dicho: "Moody, salva a todos los que puedas"».[7] Dios usó a Moody, cristiano devoto, para llevar a cabo grandes cosas. No obstante, tal declaración refleja una dicotomía no bíblica que sitúa el interés divino en salvar las almas de los hombres por delante de su interés por redimir el resto de la creación. La evangelización es esencial para el ministerio bíblico, pero es únicamente el punto inicial del proceso. El objetivo es hacer discípulos de todas las naciones.

Esta mentalidad estrecha, exclusivamente espiritual, condujo a la proliferación de iglesias por todo el mundo caracterizadas por la superficialidad. Muchas de estas iglesias son numéricamente fuertes, pero culturalmente impotentes y marginadas, y provocan escaso o nulo impacto en la sociedad circundante.

Consecuencias para las iglesias actuales

Como consecuencia de esta mentalidad fracturada, muchos cristianos contemporáneos viven estilos de vida compartimentados. Viven en un «mundo espiritual» cuando están comprometidos con la iglesia, estudio bíblico u oración. El resto del tiempo, particularmente, sus vidas profesionales, viven en el «mundo secular».

Esta compartimentación abunda en las conversaciones. Por ejemplo, no es raro oír a los cristianos hablar de dejar su empleo secular e ingresar en el «servicio cristiano a tiempo

completo», presumiblemente en una iglesia, organización cristiana, o campo de misión. Desde esta perspectiva, los cristianos que no se dedican a prestar un servicio de tiempo completo y trabajan en el mundo secular son ciudadanos de segunda clase. Pensando así, actúan según el sistema de valores de la cultura secular.[8] Lo triste es que Dios ya no es honrado como Señor de todo, y la influencia de los cristianos con cosmovisión bíblica desaparece de la vida pública.

Cuando los cristianos adoptan una mentalidad dividida en vez de la cosmovisión bíblica, pierden el deseo de involucrarse en la cultura y, por tanto, no obedecen el mandato de Cristo de «hacer discípulos de todas las naciones». El cubrir la tierra con el conocimiento del Señor (Is 11:9) queda reducido a llenar mi corazón con el conocimiento del Señor. Cuando la iglesia tiene esta mentalidad dividida, los cristianos ya no influyen en los medios de comunicación, la educación, la política o el arte. Ya no instruyen a las naciones, sino que son enseñados por ellas. Permiten que las tendencias, las creencias y las costumbres prevalecientes en el mundo secular dicten sus agendas.

Vemos evidencia de esto en iglesias de todo el mundo que reflejan prioridades y valores de la cultura que las envuelve. En EEUU, por ejemplo, la psicología ha sustituido a la teología como lenguaje característico en muchas iglesias evangélicas, y el culto se concibe para ayudar a los asistentes al templo a sentirse bien con ellos mismos, en vez de magnificar el carácter y las obras de Dios. Las iglesias se suelen medir por el tamaño de sus edificios o el número de asistentes en vez de por lo bien que manifiestan la naturaleza y el carácter de Dios en un mundo quebrantado, o por su influencia en la sociedad.

Con una mentalidad dividida, buena parte de la iglesia actual tiene una idea confusa de su misión en el mundo. Se ha perdido la naturaleza global de la «gran agenda» de Dios —la redención de todas las cosas que se estropearon en la Caída—. Nunca ha habido un tiempo en la historia con más iglesias y cristianos profesantes que provoquen menor impacto en sus culturas circundantes.

¡El cambio está en el aire!

Con todo, esto está cambiando por la gracia de Dios. Están surgiendo nuevas formas de pensamiento para remplazar la débil teología gnóstica de la generación precedente. Hallamos evidencia de este pensamiento en la influyente enseñanza de John Stott y en el Movimiento de Lausana que ha trabajado arduamente para mostrar que no puede haber dicotomía real entre la fe y las buenas obras.

Esto se hace más evidente en el surgimiento de la ayuda y el desarrollo cristianos. Antes de la década 1950-60, no había prácticamente organizaciones evangélicas de ayuda y desarrollo. En el presente, Visión Mundial, World Relief, World Concern, Fundación Contra el Hambre, y otros grupos similares proporcionan ayuda compasiva a millones de personas en algunos de los países más pobres del mundo. Muchas iglesias se están también replanteando su misión al mundo, y, en el proceso, redescubriendo las enseñanzas de Cristo sobre el reino de Dios como proyecto objetivo para la transformación global.

Estamos viviendo tiempos *kairos* en la historia de la iglesia: un tiempo neurálgico en el que viejos paradigmas están cediendo y otros nuevos están emergiendo. Dios es el Señor de la historia. Él está obrando activamente en cada generación y en cada país para llevar a cabo su excelso propósito de extender su dominio y su reinado sobre la tierra —su promesa de extender la bendición de Abraham a toda tribu, lengua, pueblo y nación (Gn 12:3)—. El propósito no se cumplirá plenamente antes del retorno de Cristo, pero, sin embargo, proporciona esperanza en el presente, posibilita una sanidad sustancial en todas las áreas a través de la obra acabada de Cristo.

Notas

Introducción

1. David Hall, «Life of the Party», *Tabletalk*, octubre 2002, p. 55.

Sesión 1

1. Patrick Glynn, «Beyond the Death of God», *National Review*, 6 de mayo, 1996, p. 28.
2. Michael J. Behe, *La caja negra de Darwin: El reto de la bioquímica a la evolución* (Editorial Andrés Bello 1999)
3. Ibid., pp. 39, 42.
4. Holismo es un término adoptado, entre otros, por defensores y practicantes de las ideas y filosofías de la Nueva Era. El concepto bíblico de holismo debe distinguirse de otros puntos de vista.
5. J. I. Packer, *Teología concisa: Una guía a las creencias del cristianismo histórico* (Editorial Unilit 1998)
6. Nancy R. Pearcey, *Total Truth: Liberating Christianity from Its Cultural Captivity* (Wheaton, Ill.: Crossway Books, 2004), p. 132.

Sesión 2

1. Erwin W. Lutzer, *Hitler's Cross* (Chicago: Moody Press, 1995), pp. 11-12.
2. Ibid., p. 104.
3. Ibid., p. 23.
4. Ibid., pp.110-111.
5. Ibid., p. 111.
6. Ibid.
7. Ibid., p. 132.
8. Ibid., p. 130.
9. Ibid.
10. Ibid., pp. 134-135.

11. Ibid., p. 134.
12. Nancy R. Pearcey, *Total Truth: Liberating Christianity from Its Cultural Captivity* (Wheaton, Ill.: Crossway Books, 2004), p. 33.
13. John D. Beckett, *Gracias a Dios que es lunes* (Panorama México, 1999)
14. Ibid., pp. 53, 58, 68-69.
15. Nótese que la religión está implantada en toda vida pública. La religión se puede entender como un conjunto de presuposiciones que se sostienen por fe. En Occidente, el secularismo (o naturalismo) conforma la «religión» en la base de la sociedad. El secularismo proveyó la base religiosa para el nazismo en Alemania, antes de la Segunda Guerra Mundial, y para el comunismo en la antigua Unión Soviética.
16. Beckett, *Gracias a Dios que es lunes*

Sesión 3

1. Joel Beeke, «Taking Every Thought Captive», *Tabletalk*, octubre 2002, p. 9.
2. Citado en John Hendrik DeVries, notas biográficas sobre Abraham Kuyper, *Lectures on Calvinism* (1931; reimpresión, Grand Rapids: Eerdmans, 1994), p. iii.
3. Chris Strevel, «Not One Square Inch…», *Tabletalk*, octubre 2002, p. 52.
4. David Hall, «Life of the Party», *Tabletalk*, octubre 2002, p. 55.
5. Ibid., p. 54.
6. Citado en Os Guinness *The Call: Finding and, Fulfilling the Central Purpose of Your Life* (Nashville: Word, 1998), p. 34.
7. Grover Gunn, «Making Waves», *Tabletalk*, enero 2001, p. 57.
8. Ibid., p. 12.
9. Guinness, *The Call*, pp. 34-35.

10. E. Stanley Jones, *The Unshakable Kingdom and the Unchanging Person* (Nashville: Abingdon, 1972), p. 159.
11. Dallas Willard, *La Divina Conspiración: Nuestra vida escondida en Dios* (Editorial Vida, 2013)

Sesión 4

1. Ruth and Vishal Mangalwadi, *Un modelo de transformación cultural: El legado de William Carey en la India* (Editorial Peniel, 2011)
2. Citado en ibid., p. 10.
3. Ibid., p. 13.
4. Ibid., p. 24.
5. Ibid., pp. 17-25.
6. Francis A. Schaeffer, *Pollution and the Death of Man: The Christian View of Ecology* (Wheaton, Ill.: Tyndale House, 1970), p. 68.
7. Tetsunao Yamamori, *God's New Envoys: A Bold Strategy for Penetrating «Closed Countries»* (Portland, Ore.: Multnomah, 1987), p. 135.
8. David F. Wells, *No Place for Truth, or, Whatever Happened to Evangelical Theology?* (Grand Rapids: W. B. Eerdmans, 1993), p. 103.

Sesión 5

1. George Grant, *The Micah Mandate: Balancing the Christian Life* (Nashville: Cumberland House, 1999), p. 241.
2. H. Greeley and H. J. Raymond, *Association Discussed: or, The Socialism of the Tribune Examined* (New York: Harper & Brothers, 1847), p. 66.
3. John Stott, citado en Rhonda Oosterhoff, «Discipleship Conference Addresses 'Superficiality' in Worldwide Church», *World Pulse*, 5 de noviembre, 1999, p. 1.

Sesión 6

1. John Fuellenbach, *The Kingdom of God: The Message of Jesus Today* (New York: Orbis Books, 1995), p. 15.
2. E. Stanley Jones, *The Unshakable Kingdom and the Unchanging Person* (Nashville: Abingdon Press, 1972), p. 19.
3. John Stott, *Los problemas que los cristianos enfrentamos hoy* (Vida-Zondervan 2008)
4. Douglas Layton, *Our Father's Kingdom: The Church and the Nations* (Nashville: World Impact, 2000), p. 20.
5. Citado en Greg Bailey, «Love Fulfills the Law», *Tabletalk*, noviembre, 2002, p. 26.
6. Dallas Willard, *La Divina Conspiración: Nuestra vida escondida en Dios* (Editorial Vida, 2013)
7. John Piper, *Hermanos, nos somos profesionales: El mundo determina la agenda del profesional, Dios determina la agenda del hombre* (Editorial Clie 2010)

Apéndice

1. Richard Dawkins, *El relojero ciego* (RBA Coleccionables, 2004)
2. John F. Haught, «The Darwinian Struggle: Catholics, Pay Attention», *Commonwealth*, 24 de septiembre, 1999, pp. 14-16.
3. John H. Leith, *Crisis in the Church: The Plight of Theological Education* (Louisville, Ky.: Wetsminster John Knox, 1997), p. 36.
4. Iain H. Murray, *Evangelicalism Divided: A Record of Crucial Change in the Years 1950 to 2000* (Carlisle, Pa.: Banner of Truth Trust, 2000), p. 7.
5. *New York Courier and Enquirer*, 16 de abril, 1847, y 5 de marzo, 1847, citado en Marvin Olasky, The Tragedy of American Compassion (Wheaton, Ill.: Crossway Books, 1992), p. 54.
6. Bryant L. Myers, *Caminar con los pobres* (Ediciones Kairos, 2002)

7. William McLoughlin, *Modern Revivalism: From Charles Grandison Finney to Billy Graham* (New York: Ronald Press, 1959), p. 257.
8. Para un examen más detallado de este tema, véase Darrow L. Miller, *Vida, trabajo y vocación: Una teología bíblica del quehacer cotidiano* (Editorial JUCUM, 2011).

Guía del líder

Sugerimos las siguientes directrices para los responsables que lideren grupos que opten por este estudio bíblico. Por supuesto, será necesario adaptar los estudios y las sugerencias que hemos hecho a la realidad de su grupo y de su cultura particular.

Cómo prepararse para dirigir un grupo

- Sugerimos reuniones de una hora por sesión. Esto permitirá dedicar:
  - 20 minutos a repasar las secciones de Versículos clave y Intuiciones bíblicas.
  - 20 minutos a comentar las secciones de Preguntas de descubrimiento y de Aplicación personal.
  - 10 minutos a orar unos por otros.
  - 10 minutos a la oración general y la adoración.
- Para procurar que todos contribuyan a la conversación, es mejor limitar el grupo a seis u ocho participantes (no más de doce). Si la asistencia aumenta, sería conveniente dividir el grupo para el tiempo de coloquio y volver a reunirse para concluir en oración.
- Si los participantes cuentan con sus propios libros, pídales que completen la sesión individualmente antes de asistir a la reunión.
- Para dirigir eficientemente el grupo, complete usted mismo cada sesión antes de la reunión. Cerciórese de que comprende los puntos principales de cada sesión. Reflexione cómo se aplican a su propia vida. Luego, al dirigir el grupo, puede prestar una mejor contribución al coloquio clarificando cuestiones cuando sea preciso y ofreciendo sugerencias cuando la conversación se prolongue.

- Preséntese con tiempo a las reuniones para preparar la sala (sillas, refrescos, ayudas a la enseñanza, etc.) y salude a los participantes a su llegada.
- Tómese tiempo en la primera reunión para presentar a los participantes. Si lo desea, puede empezar con alguna actividad para que los miembros se conozcan un poco mejor. Comience el estudio presentando las ideas principales de la introducción y leyendo los objetivos generales de las sesiones (enumeradas en las Notas de estudio que siguen a esta Guía del líder).
- Haga de moderador, no de maestro. He aquí algunas sugerencias:
    - Anime al grupo a participar. Es mejor sentarse en círculo que en filas.
    - Llame a los participantes por su nombre.
    - Pida a distintas personas que oren y lean.
    - Haga preguntas y espere respuestas. No dé su respuesta inmediatamente.
    - Agradezca a los participantes sus ideas y solicite la opinión de otros.
    - Escoja a los que tienden a ser remisos.
    - Recupere con tacto el hilo de la conversación de los participantes que tienden a dominarla y a desviarse del tema.
    - Pida una explicación a los participantes que se limitan a responder «sí» o «no».
    - Dosifique el estudio a un ritmo que permita la máxima comprensión de los participantes. Repase todo lo que haga falta.
    - Tenga en mente el objetivo de la sesión y no se desvíe de él. Estos objetivos, así como posibles respuestas a las preguntas, se facilitan en las Notas de estudio.

Otras sugerencias para dirigir las sesiones

- Pida a un miembro del grupo que comience y termine la reunión en oración.
- Comience la reunión repasando los Puntos para recordar de la sesión anterior. Tómese tiempo para comprobar que los participantes han puesto en práctica la enseñanza de la sesión anterior.
- Si lo desea, puede asignar los Versículos clave como ejercicio de memorización. En ese caso, tome algo de tiempo al comienzo de cada reunión para que los participantes reciten los versículos que correspondan a esa sesión. Esto se puede hacer fácilmente en parejas para ahorrar tiempo.
- Vuelva a la sección Palabras clave cuando sea necesario, durante el coloquio.
- Lea los Versículos clave y responda a las preguntas planteadas en grupo. (Compruebe posibles respuestas en las Notas de estudio.)
- Si los participantes tienen libro, túrnense para la lectura de la sección Intuiciones bíblicas. Si usted es el único con libro, comparta los puntos principales o lea esta sección al grupo. La sección Puntos para recordar ayudará a presentar las ideas principales.
- Respondan en grupo a las Preguntas de descubrimiento. (Consulten posibles respuestas en las Notas de estudio.)
- Respondan en grupo a las preguntas de Aplicación personal. Si los participantes cuentan con sus propios libros, pueden dividirse en grupos más pequeños (de dos o tres personas), y pedirse a cada subgrupo que lean y respondan a las preguntas de Aplicación personal.
- En las Notas de estudio que siguen a esta Guía hallará los objetivos, posibles respuestasa las preguntas sobre los Versículos clave y respuestas posibles a las Preguntas de descubrimiento de cada sesión.

Notas de estudio

Tanto si dirige o participa en un grupo pequeño, o estudia solo, le puede resultar útil consultar los objetivos y las respuestas sugeridas para los Versículos clave y las Preguntas de descubrimiento de cada sesión. No todas las preguntas esperan una respuesta del tipo «correcto» o «incorrecto», pero estas sugerencias le ayudarán a estimular su pensamiento.

Sesión 1: La concepción holística

Objetivo: Definir el concepto bíblico de holismo y explicar cómo se relaciona con Dios, la iglesia y la Biblia.

Posibles respuestas a las preguntas de los Versículos clave

1. La iglesia.
2. Apóstoles, profetas, maestros, hacedores de milagros, los que tienen don de sanidad, don de ayudar a otros, don de administración, y de hablar en varias lenguas.
3. Sin división, cada parte ha de preocuparse igualmente por las demás.

Posibles respuestas a las Preguntas de descubrimiento

1. Verdad y amor.
2. Si perdemos la verdad, nuestro testimonio se torna hueco y sin poder. Si perdemos el amor, nuestro testimonio queda reducido a una cruzada sin corazón.
3. Predicación, enseñanza y sanidad.
4. Nuestro ministerio pierde su eficacia para extender el reino de Dios y no da la medida del ejemplo de Cristo.
5. Es compasivo, amable, lento para la ira, amoroso, fiel, perdonador y justo.

6. No acertamos a tener una concepción cabal o precisa de Dios.
7. Fe en Dios y practicar buenas obras.
8. Nuestra fe se torna vacía y sin sentido.

Sesión 2: Vida y mente divididas

Objetivo: Revelar la separación no bíblica en la vida cotidiana y la cultura entre las esferas espiritual y secular, y definir la concepción bíblica, global, del discipulado.

Posibles respuestas a las preguntas de los Versículos clave

1. El lenguaje figurado de la guerra. Estas imágenes evocan solemnidad entre la vida y la muerte. Las alusiones a la guerra son apropiadas porque nuestras vidas están inmersas en una batalla cósmica muy real entre Dios y Satanás.
2. Hemos de llevar cautivo «todo pensamiento» para sujetarlos en «obediencia» y conformarlos a las enseñanzas de Cristo.
3. No. Jesús es Creador y Señor de todo. Por tanto, tenemos que pensar en todos los aspectos de la vida desde la posición ventajosa de la verdad bíblica.
4. Podemos ser estudiantes disciplinados de la Biblia, la Palabra de Dios, y esforzarnos por aplicar su verdad.

Posibles respuestas a las Preguntas de descubrimiento

1. Abandonar nuestro antiguo estilo de vida y seguir a Jesús dondequiera que nos guíe.
2. Dejarlo todo por amor a Cristo.
3. Porque Él es la Autoridad suprema del universo.
4. Él se despojó de su respetabilidad de líder religioso de la comunidad judía. En comparación con ganar a Cristo, todo lo que sacrificó no era más que «basura» (despreciable).

5. Implica negarse a sí mismo: obstinación, sueños y planes de futuro, así como los privilegios, y entregarse a sí mismo, vida y futuro, enteramente a los propósitos de Cristo.
6. Entregando toda nuestra vida a Cristo para que Él la use conforme a su propósito.
7. Él deseo «heredar la vida eterna». Jesús le dijo que «vendiera todas sus posesiones y repartiera a los pobres». El joven rico no estuvo dispuesto a pagar ese precio.
8. Porque las riquezas actúan como un ídolo o dios falso en sus vidas. Los ricos no suelen estar dispuestos a entregar sus riquezas por amor a Cristo.

Sesión 3: Mentalidad holística

Objetivo: Mostrar que, para los seguidores de Jesús, la fe puede y debe integrarse en cada aspecto de sus vidas.

Posibles respuestas a las preguntas de los Versículos clave

1. Ambos contienen las expresiones «todo lo que hagan» y «háganlo todo». En 1 Corintios 10:31, el ejemplo es «comer y beber». En Colosenses 3:17, se hace hincapié en todo lo que hagan, en «palabra u obra». Del mismo modo, en 1 Corintios 10:31, hemos de «hacerlo todo» para la gloria de Dios. En Colosenses 3:17, hemos de «hacerlo todo» en el nombre del Señor Jesús, dando gracias a Dios.
2. Todo lo que hacemos —toda palabra que hablamos, toda acción que ejecutamos—, inclusive comer y beber.
3. Porque son tareas sencillas, cotidianas, «no espirituales». Colocan el listón de la norma muy alto. Si «comer y beber» no se excluyen de las tareas que se hacen para la gloria de Dios, entonces nada queda excluido.
4. Nos muestra que todas las cosas creadas fueron hechas para Dios y que nada queda fuera de su control o su

cuidado. De manera que todos nuestros actos deben tener como fin la gloria de Dios.

Posibles respuestas a las Preguntas de descubrimiento

1. Él es el «amo» de la tierra y de todas las cosas que hay en ella.
2. Isaías vio al Señor sentado en un trono alto y excelso. La visión revela que Dios es perfectamente santo y que toda la tierra está llena de su gloria.
3. El dominio de Dios es eterno y su reino perdura de generación en generación. Él hace lo que le place con las potestades del cielo y los pueblos de la tierra. Nadie puede detener su mano.
4. Jesús ejerce autoridad sobre todas las cosas y personas. Ejerce su autoridad en el presente y por la eternidad.
5. Esta parábola enseña que hay un enemigo que está sembrando el mal. Dios permite que este mal exista al lado del bien, en el presente, pero en el futuro el mal será destruido.
6. Dios nos adquirió.
7. Para Dios, el precio fue la vida de su «Hijo unigénito». Para Jesús, el precio fue su propia vida —su sangre derramada en la cruz.
8. Le debemos nuestro cuerpo —toda nuestra vida— como sacrificio vivo.
9. La relación de Jesús con su Padre fue una relación de amor y de completa obediencia.

Sesión 4: Ministerio holístico

Objetivo: Mostrar que el ministerio que Dios deseó expande su reino y responde a todas las relaciones quebradas en la Caída.

Posibles respuestas a las preguntas de los Versículos clave

1. Predicación, enseñanza y sanidad.
2. La extensión del reino de Dios —el cumplimiento de la voluntad de Dios «en la tierra como en el cielo».
3. No; todas las partes son necesarias. Si alguna parte fuere descartada, el cumplimiento del objetivo global quedaría mermado.

Posibles respuestas a las Preguntas de descubrimiento

1. La relación principal es entre Dios y la humanidad. Es fundamental debido a la relación especial, única, entre Dios y el hombre. En toda la creación, sólo el hombre (hombre y mujer) ha sido creado a imagen y semejanza de Dios.
2. Los seres humanos son portadores de la imagen de Dios, fueron creados por Dios para ejercer dominio y mayordomía sobre la creación.
3. El hombre con sus semejantes (relaciones entre humanos).
4. El hombre con la creación/el medio físico.
5. La relación principal quedó interrumpida. Adán y Eva se «escondieron» de Dios y tuvieron «miedo» de Él.
6. Surgió el conflicto en la relación secundaria entre Adán y Eva. Adán culpó a Eva por su pecado. Del mismo modo, la tierra fue maldecida. A partir de ese momento, Adán tendría que trabajar duro para que la tierra diera su fruto. «Con penosos trabajos comerás de ella».
7. Dios desea redimir todas las cosas, incluso todas las relaciones rotas. Cristo murió en la cruz para redimir «todas las cosas».
8. Se nos ha concedido el ministerio de reconciliación. Hemos de ser «embajadores» de Dios, llamar al mundo a reconciliarse con Dios por medio de Cristo.

9. Podemos «predicar» o declarar la verdad revelada en las Escrituras acerca de Dios, el pecado y la redención. También podemos amar a otros con el amor de Cristo. Podemos compartir lo que tenemos con los que tienen necesidad e interesarnos por el bien integral de los demás.
10. El plan redentor de Dios se cumplirá al final de los tiempos cuando Él cree «un nuevo cielo y una nueva tierra». Ya no habrá más alienación entre Dios y el hombre. «¡Aquí, entre los seres humanos, está la morada de Dios! Él acampará en medio de ellos, y ellos serán su pueblo; Dios mismo estará con ellos y será su Dios». Ya no habrá más hambre, ni tristeza ni dolor.

Sesión 5: Obstáculos en el ministerio holístico

Objetivo: Determinar las concepciones dualista y materialista dentro de la iglesia que se oponen u obstaculizan el ministerio bíblico y holística.

Posibles respuestas a las preguntas de los Versículos clave

1. Predicar la Palabra (corregir, reprender y animar) y amar con hechos.
2. Nos advirtió contra el amar sólo de palabra, no de hecho.
3. Si descuidamos la Palabra, perdemos la verdad de Dios necesaria para la salvación y la plenitud de vida. No obstante, si sólo declaramos la Palabra de Dios y no demostramos su verdad en nuestra vida y nuestros actos, entonces las palabras que digamos serán huecas y no tendrán sentido para los que las oigan, particularmente, los que padecen profundas necesidades físicas.

Posibles respuestas a las Preguntas de descubrimiento

1. (1) No se conforme a los patrones de este mundo; (2) sea transformado mediante la renovación de su mente; (3) entonces entenderá la voluntad de Dios para su vida.
2. Un gusano se transforma en mariposa. Ser transformado significa ser completamente cambiado a todo nivel y en toda manera.
3. Mi mente debe ser transformada.
4. «Mantenerse fiel» (creer y practicar) las enseñanzas de Jesús.
5. SI se mantienen fieles a mis enseñanzas, (ENTONCES) serán realmente mis discípulos; y conocerán la verdad, y la verdad los hará libres.
6. Para practicar el ministerio holístico, debemos entender la verdad acerca de Dios, la naturaleza humana, la creación, la caída y la redención. Debemos captar la «gran imagen» de la revelación total de Dios en las Escrituras. Sólo podremos entender estas cosas si estudiamos devotamente la Palabra de Dios y nos aferramos a las enseñanzas de Jesús.
7. Sí.
8. Debemos confesar nuestro pecado a Dios. Él es «fiel y justo, nos perdonará y nos limpiará de toda maldad».

Sesión 6: Fundamentos del ministerio holístico

Objetivo: Definir aspectos clave del ministerio holístico, que procura glorificar a Dios y extender su reino.

Posibles respuestas a las preguntas de los Versículos clave

1. En sabiduría, en estatura, en favor con Dios y en favor con el hombre.

2. Crecemos en sabiduría cuando adquirimos conocimiento y entendimiento de la Palabra de Dios y la practicamos en nuestra vida. Crecemos en estatura (física) con adecuada nutrición y ejercicio. Crecemos en favor de Dios cuando confiamos en Jesús como Salvador y Señor y vivimos como discípulos suyos. Crecemos en favor con los hombres cuando obedecemos los mandatos bíblicos de amar y servir a otros como nos amamos a nosotros mismos y nuestras vidas se caracterizan por la humildad, la integridad y el gozo.
3. Es importante porque nos muestra que las cuatro áreas son igualmente críticas para el desarrollo. Yo debo interesarme en las cuatro áreas para mi propio desarrollo, así como para el crecimiento y desarrollo de otros.
4. Fue un proceso.

Posibles respuestas a las Preguntas de descubrimiento

1. Jesús fue enviado a «predicar las buenas nuevas del reino de Dios». Esto significa que el reino de Dios fue el principal mensaje de Cristo, el móvil más profundo de su corazón.
2. Él vino para cumplir su hora final y dar gloria a Dios. Este fue su propósito supremo: glorificar el nombre de Dios. También debería ser el nuestro.
3. Habrá armonía en toda la creación. La tierra será llena del conocimiento del Señor. No habrá más tristeza ni hambre ni muerte.
4. Cuando cuidamos a las personas quebrantadas y dolientes mostramos cuidado y amor a Dios.
5. Defendiendo la causa de los débiles y los huérfanos. Reclamando el derecho de los pobres y oprimidos. Rescatando al débil y necesitado de los malvados. Trabajando contra la injusticia y liberando a los oprimidos. Compartiendo

alimentos con el hambriento y ofreciendo cobijo al pobre. Vistiendo al desnudo y cuidando de los huérfanos y las viudas.

6. La gente necesita la Palabra de Dios (la verdad) y a Jesús. Necesitamos tanto alimento físico como espiritual, porque somos una combinación —sin costuras— de cuerpo y alma. Pasaremos «hambre» si descuidamos uno de los dos —literal o espiritualmente.
7. Debemos desarrollar nuestro ministerio en total dependencia de Dios y en su fuerza y poder. Somos «malditos» si confiamos en los hombres o en nuestra propia fuerza.
8. El propósito supremo de nuestro ministerio es glorificar a Dios. Lo hacemos cuando servimos con «la fuerza que Dios otorga».

Acerca del autor

Scott D. Allen es presidente internacional de la oficina de apoyo de Disciple Nations Alliance en Phoenix, Arizona. Después de obtener su diplomatura en historia por la universidad de Willamette (Salem, Oregon), 1988, Scott se incorporó a Fundación Contra el Hambre, entidad en la que ha servido hasta el año 2007. Junto con Darrow Miller y Bob Moffitt, Scott fue fundador de Disciple Nations Alliance. Es autor y coautor de varios libros, como *The Forest in the Seed: A Biblical Perspective on Resources and Development* y *Against all Hope: Hope for Africa.* Scott reside con su esposa Kim y sus cinco hijos en Phoenix, Arizona.

Otros Estudios Bíblicos ESTILO DE VIDA DEL REINO

Para revolucionar vidas y renovar mentes

El plan singular de Dios para las naciones

por Scott D. Allen, Darrow L. Miller y Bob Moffitt

El plan redentor de Dios es el tema central de toda la Biblia, desde el libro de Génesis al de Apocalipsis. Aunque este plan comienza con los individuos, es más comprehensivo y maravilloso. El plan redentor de Dios se extiende a la sanidad y la transformación de naciones y culturas enteras, combate la injusticia, la pobreza y la corrupción, y abarca todos los ámbitos de la sociedad, desde el comercio y las artes hasta el gobierno. ¿Será la iglesia de nuestra generación fiel al mandato de Jesús de hacer discípulos de todas las naciones conforme a la plenitud de su intención? Para que esto ocurra, hemos de recuperar el concepto global del plan singular de Dios para las naciones —un plan que afecta profundamente a nuestra vida.

El reino inconmovible de Dios

por Scott D. Allen, Darrow L. Miller y Bob Moffitt

La noción del reino de Dios es una de las más confusas, controvertidas y malentendidas de la Biblia, pero es el tema central de las enseñanzas de Jesús. Él habló apasionadamente del reino de Dios durante su ministerio. La frase «reino de Dios» o «reino de los cielos» aparece noventa y ocho veces en el Nuevo Testamento —más de sesenta veces la menciona Jesús—. Este sustancioso estudio bíblico explora el reino de Dios, ayuda al creyente a formarse una idea bíblica del motivo por el que Jesús vivió y murió —de la visión que transforma a personas, familias, iglesias y naciones enteras.

La Cosmovisión del reino de Dios

por Scott D. Allen, Darrow L. Miller y Bob Moffitt

En la actualidad, hay más iglesias y más cristianos en el mundo que en cualquier otro periodo de la historia. Pero ¿de qué sirve? La pobreza y la corrupción son rampantes en los países en vías de desarrollo que han sido evangelizados. La mediocridad moral y espiritual impera en el Occidente «cristiano». ¿Por qué? Porque los creyentes no tienen la «mente de Cristo». Todos tenemos una perspectiva o modelo mental del mundo. Este sistema de ideas y supuestos determina, en definitiva, las decisiones que tomamos y la clase de vida que llevamos. La cosmovisión del reino de Dios explora la perspectiva bíblica de las cosas, de ahí que entender dicha cosmovisión y vivir conforme a ella sea fundamental para llevar una vida fructífera y abundante.

Disponibles en librerías cristianas o solicítelos a los distribuidores de Editorial JUCUM

www.editorialjucum.com

903-882-4725

Disciple Nations Alliance

Founded by:
Harvest and Food for the Hungry International

La Disciple Nations Alliance (DNA), o Alianza para el Discipulado de las Naciones, es un movimiento internacional de individuos, iglesias y organizaciones que comparten una visión: que las iglesias locales comprometidas, —creíbles y de gran impacto— lleven a cabo una transformación genuina en sus comunidades, de tal envergadura, que alcancen a discipular a su nación.

DNA fue fundada en 1997 cuando se asociaron Fundación Contra el Hambre y Harvest. La misión de FHI consiste en inspirar a las iglesias con la cosmovisión bíblica y equiparlas para poner en práctica un ministerio integral, personalizado, que afecte a todas las esferas de la sociedad. Nosotros proporcionamos herramientas sencillas que permiten iniciar un proceso de transformación inmediato en las iglesias establecidas —no importa su escasez de recursos.

Si desea recibir más información acerca de la Disciple Nations Alliance o de nuestros recursos para la enseñanza y la instrucción, no deje de visitar nuestra página Web: *www.disciplenations.org*

Disciple Nations Alliance

1110 E Missouri Ave, Ste. 393, Phoenix, Arizona 85014
www.disciplenations.org
E-mail: info@disciplenations.org

Socios Fundadores

Fundación Contra el Hambre
www.fhi.net

Harvest Foundation
www.harvestfoundation.org

Estrategia Samaritana África

Los mensajes y enseñanzas contenidos en los estudios bíblicos Estilo de vida del reino están siendo aplicados por todo el continente africano gracias al esfuerzo de Samaritan Strategy Africa, red colaboradora de iglesias africanas y organizaciones cristianas coaligadas para llevar a cabo la urgente tarea de despertar, equipar y movilizar a la iglesia africana para que se levante y transforme la sociedad. La Samaritan Strategy Africa tiene por objetivo ayudar a las iglesias —proveyendo instrucción, modelos, conferencias y publicaciones— a:

- descubrir el plan global de Dios de llevar sanidad y transformación a las naciones;
- adoptar la cosmovisión bíblica y ponerla en práctica aplicando la verdad, la bondad y la belleza en todas las esferas de la sociedad;
- llevar a cabo un ministerio de evangelización en la comunidad, demostrando el amor de Cristo a los necesitados y quebrantados a través de obras de servicio.

Si desea recibir más información acerca de la Samaritan Strategy Africa, o de futuras oportunidades de formación, o averiguar cómo usted, su iglesia o su organización pueden implicarse, le invitamos a visitar nuestra página Web, o contactarse:

Samaritan Strategy Africa

Dennis Tongoi, director de grupo
PO Box 40360, 00100
Nairobi, Kenya

Tel.: (254) 20-2720037/56
Email: afg@cms-africa.org
Página Web: *www.samaritan-strategy-africa.org*

La Samaritan Strategy Africa está afiliada a Disciple Nations Alliance (DNA), movimiento internacional fundado en 1997 cuando se asociaron Fundación Contra el Hambre y Harvest Internacional. La FHI fue constituida para inspirar a las iglesias locales comprometidas, creíbles y de gran impacto, a generar una transformación genuina en sus comunidades, de tal envergadura, que alcancen a discipular a sus naciones.

Para obtener más información, visite: *www.disciplenations.org*

NOTAS

NOTAS

NOTAS

NOTAS

NOTAS

NOTAS

NOTAS

NOTAS

NOTAS